C'EST MALIN

AURÉLIE AIMÉ

JE M'INITIE AU PENDULE

LEDUC
ÉSO

C'EST MALIN

★ DÉCOUVEZ LES AUTRES TITRES DE NOTRE COLLECTION ÉSOTÉRISME ! ★

Le b.a.-ba pour s'éveiller à la spiritualité au quotidien par nos auteurs experts.

- ★ Melanie Chereau, *Je découvre le chamanisme*, 2021.
- ★ Lila Rhiyourhi, *Je révèle mon magnétisme*, 2021.
- ★ Géraldyne Prévot-Gigant, *Je développe mon intuition*, 2021.
- ★ Mathilde Fouquet, *Devenez une sorcière*, 2020.
- ★ Valérie Robert, *J'harmonise mes chakras*, 2020.
- ★ François Vincensini, *Connaître son destin avec la numérologie*, 2020.
- ★ Karine Winsz, *Je déploie mes potentiels avec l'astrologie*, 2020.

LEDUC ÉSO

De la même auteure, aux éditions Leduc :
Je m'éveille à mon féminin puissant, 2021.

Leduc s'engage pour une fabrication écoresponsable !
« Des livres pour mieux vivre », c'est la devise de notre maison. Et vivre mieux, c'est vivre en impactant positivement le monde qui nous entoure ! C'est pourquoi nous choisissons nos imprimeurs avec la plus grande attention pour que nos ouvrages soient imprimés sur du papier issu de forêts gérées durablement, et qu'ils parcourent le moins de kilomètres possible avant d'arriver dans vos mains ! Pour en savoir plus, rendez-vous sur notre site.

Édition : Bleuenn Jaffres
Correction : Agnès de Livron Duhamel
Maquette : Laurie Baum
Design de couverture : Antartik

10, place des Cinq-Martyrs-du-Lycée-Buffon
75015 – Paris, France
ISBN : 979-10-285-2246-9
ISSN : 2425-4355

SOMMAIRE

INTRODUCTION

« Nous vivons dans un océan de radiations que nous ne percevons pas : des effluves invisibles émanant de toute chose. Il ne s'agit que de déceler leur existence en constituant soi-même un détecteur vivant. […] Je ne suis qu'un chercheur de vibrations, et c'est tout… »

L'abbé Bouly, créateur du mot « radiesthésie » au XXe siècle

Quel mystère que le pendule, cette petite masse suspendue à un fil ou une chaînette dont les oscillations ou girations permettent de répondre aux questions de son opérateur !

Depuis la nuit des temps, l'être humain cultive son aptitude à percevoir les vibrations émises par son environnement. D'abord, la nécessité vitale de trouver des sources d'eau l'amena à l'emploi de simples baguettes de bois, en forme de fourche. Puis, plus récemment, le pendule a fait son apparition, permettant de diversifier les domaines d'application et de porter toujours sur soi cet instrument peu encombrant et polyvalent. Ce savoir-faire immémorial, fondé sur la sensibilité des êtres vivants aux radiations qu'émettent les corps visibles ou invisibles, s'appelle « radiesthésie » (du préfixe latin *radius,* « rayon », et du grec *aisthesis,* « sensation »).

Pendant des siècles, l'efficacité du pendule ou de la baguette de sourcier se contentait d'explications magiques, ce qui valut à certain·e·s quelques procès pour sorcellerie ! Aujourd'hui, avec les progrès de la science, se sont substitués des concepts bien plus cartésiens, relatifs aux ondes, à l'énergie vibratoire des atomes... « Si vous voulez trouver les secrets de l'Univers, pensez en termes d'énergie, de fréquence, d'information et de vibration », disait l'ingénieur et inventeur Nikola Tesla.

Si le fonctionnement du pendule n'est pas totalement éclairci, une chose est certaine : c'est un intermédiaire pour traduire ce que notre corps, notre sensibilité, ont su capter. En cela, la radiesthésie est un témoin des mystères du vivant, des forces invisibles qui sous-tendent la matière. Si petit soit-il, ce poids de bois, de pierre ou de métal est avant tout un formidable support de connaissance de soi et du monde. Il contribue à vous relier à cette petite voix intérieure qu'est l'intuition, et à mesure de votre pratique, vous permettra de gagner confiance en vos perceptions.

Il est parfois considéré que l'usage du pendule relève d'un don, ou qu'il s'agit d'une science hermétique réservée à quelques initiés... Si certaines personnes ont des prédispositions, chaque être humain a la capacité, telle une antenne, de capter ces ondes communément imperceptibles par nos cinq sens. De même que n'importe qui peut apprendre le piano ou le dessin, toutes celles et ceux qui le souhaitent peuvent avec un peu de persévérance développer leur aptitude à utiliser ce surprenant objet.

En suivant les conseils proposés dans ce livre, le pendule pourra devenir un véritable compagnon de route pour retrouver des objets perdus, orienter la prise de décisions, choisir les aliments les plus adaptés à votre métabolisme, aider votre entourage sur de nombreux sujets, et pourquoi pas détecter des sources dans un jardin ou des trésors enfouis !... Il ne tiendra qu'à vous de lui trouver des usages inédits.

Cet ouvrage est à destination de ceux et celles qui souhaitent découvrir l'art ancestral du pendule : il vous permettra de mieux comprendre cet outil, le monde subtil qui vous entoure, mais surtout de faire vos premiers pas en radiesthésie au travers d'exercices qui vous conduiront à rapidement progresser. Comment choisir son pendule ? De quelle façon le tenir ? Pourquoi la façon de poser des questions est-elle cruciale ?... sont tout autant de points clés que nous évoquerons.

Au fil des oscillations, explorons nos paysages intuitifs intérieurs, plongeons sans plus attendre dans le fascinant univers du pendule !

1

FAIRE CONNAISSANCE AVEC LE PENDULE

Chapitre 1

La petite histoire du pendule

AUX ORIGINES ÉTAIT LA BAGUETTE

En préambule, attardons-nous sur quelques notions historiques. Le pendule n'est pas un effet de mode récent, mais l'héritier de pratiques ancestrales, remontant aux racines de l'humanité !

Dans cette histoire, tout est parti d'un simple morceau de bois. À l'époque préhistorique, *Homo sapiens* devait se consacrer sans relâche à la recherche vitale de points d'eau auprès desquels ils s'installaient. Des archéologues ont trouvé dans une caverne vieille de 8 000 ans une peinture murale semblant représenter un sourcier, tenant dans ses mains une baguette divinatoire. L'ancêtre du pendule !

En immersion permanente dans un environnement hostile, les sens surdéveloppés de ces individus leur permettaient-ils de percevoir les ondes émises par les nappes d'eau souterraines ? Après tout, les animaux choisissent bien intuitivement des lieux de vie qui leur sont favorables : les fourmis installent leur habitat sur des réseaux géophysiques invisibles à l'œil nu, grouillant d'énergie, tandis que le chat apprécie de se coucher sur les zones de failles géologiques souterraines, nous disent les géobiologues...

Il y a 4 000 ans en Chine, des documents attestent là encore de la pratique de la sourcellerie, la recherche d'eau au moyen d'une baguette. Puis d'étonnants objets datant de l'époque pharaonique ont été trouvés dans les tombeaux de la vallée des Rois : des baguettes et boules de bois percées pour y laisser passer un fil. Les premiers pendules ? Il semblerait que leur usage était alors réservé aux seuls initiés, prêtres et magiciens. Les Grecs, les Égyptiens et les Romains connurent aussi baguette et pendule, comme en témoignent des écrits...

LE COÛT DE LA RADIESTHÉSIE

« Sorciers » et « sourciers » sont de quasi-homonymes. Au Moyen Âge, cette ressemblance coûta cher aux chercheurs d'eau ! L'obsession des clercs pour la chasse aux sorciers et autres hérétiques mena au sacrifice de nombreux sourciers. En 1518, Luther condamna solennellement l'usage de cet outil, jugeant qu'il allait à l'encontre du premier commandement biblique. Bien que sorcellerie et sourcellerie fussent des pratiques bien distinctes, il existait à l'époque une confusion dans l'esprit des gens, qui voyaient d'un bien mauvais œil ces hurluberlus arpentant la campagne, une baguette à la main et annonçant à voix haute des formules telles que « Au nom du Père, du Fils et du Saint-Esprit, combien de toises y a-t-il d'ici au minerai ? ». À l'époque, la baguette sert aussi à détecter des métaux tels l'or, le cuivre, l'argent ou l'étain, et à la recherche de trésors cachés. La radiesthésie est alors baptisée « rhabdomancie », ce qui signifie « divination par la baguette ».

Le XVIIe siècle marqua une époque de transition, moins hostile aux praticiens. Tandis que la radiesthésie tend à se rationaliser et à se laïciser, écrivains, savants et philosophes proposent l'idée que la baguette mettrait au jour « l'affinité innée du monde végétal avec le monde minéral »... L'obscurantisme perd de son influence à mesure que des esprits plus portés sur la science commencent à émerger.

L'AFFAIRE JACQUES AYMAR

Quand la baguette permet de trouver le meurtrier

L'affaire Jacques Aymar défraya la chronique à la fin du XVIIIe siècle. Le 5 juillet 1692, à Lyon, un marchand de vin et sa femme sont retrouvés morts, assassinés à coups de serpe !
L'enquête ne menant à rien, on a fait appel, non sans scepticisme, à un paysan sourcier prénommé Jacques Aymar.
Sa baguette en main, l'homme est emmené sur les lieux du crime et détecte un « trajet invisible » qui mènerait au criminel. Suivant cette piste, il arrive dans la maison d'un jardinier, dont l'un des enfants confesse avoir vu le 5 juillet trois hommes entrer dans sa maison, dont un bossu. Le sourcier reprend alors son « chemin », pour terminer dans une prison à Beaucaire. Là, pris de violents tremblements, il désigne une cellule dans laquelle se trouve enfermé... un bossu !

L'homme, arrêté le jour même pour avoir volé du pain, avoua avoir assassiné avec ses deux complices le marchand de vin et son épouse. Cette affaire déclencha un engouement sans précédent pour la rhabdomancie.

ENFIN, L'ESSOR DU PENDULE !

Au XVIIIe siècle, plusieurs études sont menées, et c'est ainsi que le pendule, plus pratique que la baguette, devient l'outil habituel des sourciers. À cette époque, la radiesthésie commence à captiver l'attention des milieux scientifiques. En 1730, le physicien anglais Gray remarque qu'un petit poids suspendu à un fil tendu était attiré par les masses électrisées. Puis, en 1792, un professeur à la faculté de Strasbourg nommé Antoine Gerboin observe les mêmes effets et en conclut qu'« une force particulière existerait dans l'homme ».

SECRETS DE SOURCIER

Certaines études scientifiques réalisées pour démontrer la pertinence de la sourcellerie ont parfois donné des résultats décevants, si bien que la majorité des scientifiques attribuent leurs

→

trouvailles au hasard. Pourtant, à travers les âges, certains sourciers ont prouvé qu'il n'en était rien.
L'abbé Jean-Baptiste Paramelle (1790-1875) exerça ses talents au milieu du XIXe siècle. On peut lire à son sujet : « Les procès-verbaux qui ont été dressés par MM. les Maires et qui sont déposés à la préfecture du Lot, ainsi que le certificat de M. le Préfet dont M. Paramelle est porteur, constatent que sur 338 puits ou fontaines qui ont été creusés d'après sa théorie, 305 ont réussi à mettre au jour des sources salubres et abondantes...* » Cela représente tout de même 90 % de réussite !

Au XXe siècle, le pendule passe réellement des mains de l'homme de la terre à celles de l'homme savant, ingénieur ou physicien. Dans de nombreux pays, les traités et études théoriques paraissent à un rythme effréné. En 1913, un premier congrès est organisé en France par Henri Mager et Armand Viré, et attire l'attention des chercheurs sur les sourciers. Parallèlement, le mouvement se développe en Italie et en Allemagne, où se tiennent des congrès annuels. Au Royaume-Uni, Sir Arthur

* https://www.persee.fr/doc/karst_0751-7688_1987_num_9_1_2159

Conan Doyle, le père spirituel de l'illustre Sherlock Holmes, pratique assidûment l'art du pendule, et affirme même n'avoir jamais connu d'échec au cours de ses nombreuses années d'expérience.

À l'époque, cette activité n'entraîne pas encore de rejet de la part des milieux scientifiques. L'art des sourciers est considéré comme un phénomène parmi d'autres, comme en atteste l'ouvrage *Les Merveilles de la science et de l'industrie*[*]. La pratique y est présentée comme une « certaine réaction inconsciente de la matière sur l'opérateur. Cette perception nerveuse appréciable est le privilège de quelques-uns et tous ne sont pas aptes à la ressentir. Grâce à ce phénomène, dont la baguette n'est qu'un instrument indicateur, le sourcier est influencé par différents corps enfouis dans le sol ». On ajoute qu'il est probable que les sourciers « emploient des procédés logiques, en concordance avec les méthodes générales des sciences physiques ».

En 1927, l'abbé Bouly, sourcier et curé d'un village du Pas-de-Calais, et l'abbé Bayard, professeur aux Facultés catholiques de

---

* Eugène H. Weiss, *Les Merveilles de la science et de l'industrie*, Hachette, Paris, 1926.

Lille, proposent un terme pour qualifier les expérimentations menées à l'aide de pendules ou de baguettes. Ainsi naît le mot « radiesthésie » (du latin *radius*, « rayon », et du grec *aisthêsis*, « sensibilité »), qui définit la sensibilité de l'être humain aux ondes qui l'environnent. L'introduction de ce terme s'accompagne d'une intense campagne de divulgation attestant de la volonté de sortir de l'empirisme aveugle pour devenir un authentique domaine de recherche. Car grâce à ce procédé, l'homme d'Église fait des découvertes remarquables : des sources profondes, mais aussi des cimetières mérovingiens et des souterrains dans des châteaux féodaux sont mis au jour. Il est même reconnu par une partie du corps médical, puisque la justesse de ses diagnostics l'amène à être convié dans des hôpitaux du nord de la France. Il partage alors : « Nous vivons dans un océan de radiations que nous ne percevons pas : des effluves invisibles émanent de toutes choses, il ne s'agit que de déceler leur existence en constituant soi-même un détecteur vivant. [...] Je ne suis qu'un chercheur de vibrations et c'est tout... » L'abbé qui proclame que cette faculté est accessible à tous est réputé comme étant doué d'une sensibilité extraordinaire, au point qu'on le présente comme « hypersourcier ».

DE LA FICTION À LA RÉALITÉ

Le professeur Tournesol, illustre radiesthésiste

Étant donné l'enthousiasme généré par le « petit poids suspendu » au cours du XXe siècle, de nombreuses personnalités de l'époque s'y intéressent de près. C'est le cas pour l'auteur de bandes dessinées Georges Remi, dit Hergé. L'un des personnages phares de Tintin, le professeur Tournesol, inventeur astucieux et chimiste de talent, est aussi un passionné de radiesthésie. Il emporte d'ailleurs toujours son pendule avec lui. Si l'instrument apparaît entre les mains de l'éminent scientifique si fréquemment, c'est tout simplement parce que Hergé et son épouse Germaine étaient convaincus de l'efficacité de cet objet. Cette lettre, publiée dans l'ouvrage *Radiesthésie, TeleRadiesthesie. Phénomènes Hyperphysiques*, témoigne du fait qu'un pendule aurait permis au radiesthésiste Victor Mertens d'élucider la disparition de l'alliance de la femme d'Hergé.

« Le 23 octobre 1939.

Cher Monsieur Mertens,
Je vous remercie des indications que vous avez bien voulu me donner.

→

Mais il était, hélas, inutile de chercher aux endroits que vous aviez indiqués d'une croix sur le plan. En effet, la croix rouge indiquait, avec la plus grande précision, l'emplacement d'un w.-c.
Selon toute vraisemblance, la personne en question aura, en nettoyant, laissé tomber sa bague dans un seau ; ce seau se trouvait, elle se le rappelle, près de l'endroit marqué par vous d'une croix bleue, et ce seau a été vidé dans le w.-c.
Je vous suis en tout cas très reconnaissant d'avoir bien voulu vous livrer à ce travail, qui, s'il n'a pas permis de retrouver l'alliance, et pour cause, n'en a pas moins servi à reconstituer le crime, et à fortifier encore ma confiance en vos méthodes.
Veuillez agréer, cher Monsieur, l'assurance de mes sentiments les meilleurs.

HERGÉ, dessinateur.
17, avenue Dellen, Boitsfort, Bruxelles. »

À cette époque, la radiesthésie s'étend officiellement à la médecine. La radiobiologie, qui comprend alors toutes les applications médicales et vétérinaires des radiations, est au centre d'un congrès organisé à Lausanne en 1934, présidé par Édouard Branly, un médecin français, avec le professeur Wright, médecin de la cour d'Angleterre, l'un des membres d'honneur de l'Association. C'est dire le sérieux avec lequel la discipline est considérée ! Toutefois, la radiesthésie comporte aussi son lot de sceptiques et d'expériences ratées qui finiront progressivement par décrédibiliser la discipline.

En 1936 à Lyon, Auguste Lumière, médecin et frère de Louis Lumière, tente une série d'expériences avec des opérateurs réputés de bonne foi et compétents. Il les soumet à des épreuves de diagnostic médical, l'une des activités les plus populaires des radiesthésistes à l'époque. L'une des épreuves, proposée à trois radiesthésistes, consiste à établir le sexe de cent souris blanches à partir de photos. Le premier opérateur commet 49 % d'erreurs, le deuxième 42 % et le dernier 41 %. Ensuite, il s'agit de déterminer quel est le sexe d'enfants de crèche à partir d'une photo. La réponse obtenue est 44 % de garçons... Pourtant, seules des filles avaient été photographiées. Enfin, Lumière propose une expérience de diagnostic médical fondée sur l'écriture : il contrefait une écriture de façon qu'elle paraisse féminine et se voit diagnostiquer... un cancer de l'utérus. Encore raté ! Et pourtant, malgré ces résultats décevants, le médecin ne condamne pas sans appel la discipline et commente avec humour : « Comme on le voit, nous n'avons vraiment pas de chance avec les radiesthésistes. »

Qu'en est-il aujourd'hui ? Que reste-t-il de ce grand élan scientifique à l'égard de la science des ondes ? Plus grand-chose : le rationalisme militant a eu raison de l'engouement du siècle dernier pour le pendule. Toutefois, la radiesthésie en tant que savoir populaire ancestral reste bien vivante. Dans de nombreuses communes de France, il est souvent question d'un individu aux surprenantes capacités, qui peut détecter les cours d'eau souterrains avec un pendule ou une baguette. Et de plus en plus, la radiesthésie, perçue comme un formidable outil de connaissance de soi et du monde, intéresse le tout-venant... des villes et des champs ! N'est-il pas remarquable et mystérieux que ces connaissances aient traversé les siècles, contre vents et marées, jusqu'à ce petit livre qui se trouve entre vos mains ?

Chapitre 2

Le pendule, une interface entre soi et le monde des vibrations

« Si un jour on découvre que la pensée se propage dans l'espace, comme la lumière, nos idées au sujet de la constitution de l'Univers devront être modifiées. »

Alexis Carrel, chirurgien et biologiste français,
dans *L'Homme, cet inconnu*

DES PRÉSENTATIONS S'IMPOSENT !

Revenons à l'essentiel : l'étonnant petit objet dont il est question dans cet ouvrage. Comment s'utilise-t-il ? Quel est son langage, et comment le décoder ?

Portrait-robot de l'intéressé

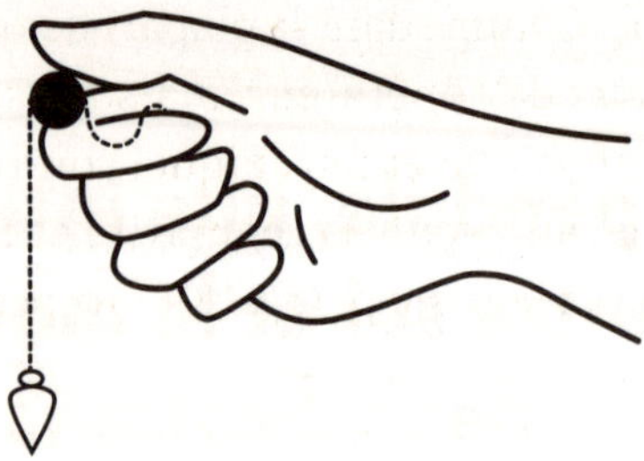

- Masse de 20 à 50 g en bois, métal, cristal...
- Suspendu à un fil ou une chaîne de 10 cm à 1 m.
- En forme de boule, goutte, spirale...
- Il s'exprime par girations (en tournant dans le sens horaire ou antihoraire) ou par oscillations (en effectuant des lignes d'avant en arrière).
- On a dénombré au moins 3 500 modèles différents.

Si vous n'êtes pas encore très familier de cette pratique, il se peut qu'elle vous paraisse obscure, nourrie des images véhiculées par les médias et l'imaginaire collectif. Pourtant, loin de toutes les fantasmagories « new age », la radiesthésie pratiquée dans les règles de l'art est avant tout fondée sur une méthodologie empirique et pragmatique. Comme dans la plupart des pratiques, le sérieux de l'opérateur, mais aussi son état d'être physique et psychique, conditionnent les résultats ; seuls la régularité et un travail permanent sur soi permettent de progresser.

D'une façon générale, l'outil se tient dans la main dominante, en position assise ou debout. L'opérateur peut être statique ou mobile – à l'instar des radiesthésistes qui travaillent en géobiologie ou hydrologie – et pose des questions relatives à l'objet de sa recherche. Le langage du pendule est simple : il peut répondre « oui » et « non », en tournant dans le sens horaire ou antihoraire ; effectuer des oscillations longitudinales qui signifient généralement « ni oui ni non », ou rester statique (ce qui peut signifier que votre outil n'est pas en mesure de répondre). Par ailleurs, l'objet peut s'utiliser seul ou avec le support de cadrans de lecture, permettant d'établir des mesures qualitatives ou quantitatives. Nous y reviendrons.

DÉROULÉ D'UNE SÉANCE « TYPE » DE RADIESTHÉSIE

Comment se déroule une séance ? Voici les étapes communément suivies, qui sont amenées à varier plus ou moins en fonction de la nature de la recherche.

1. La personne qui opère a identifié l'objet d'étude de sa séance. Par exemple, elle a perdu un trousseau de clés dans son habitat et souhaite le retrouver avec le pendule.

2. Si possible, elle se munit de ce que l'on nomme un « témoin » (un objet évoquant l'élément recherché et qui permet de la relier à ce dernier). Concernant les clés, cela peut être un dessin des clés, ou un morceau de papier décrivant l'objet : « les clés de ma voiture ».

3. Ensuite, il s'agit d'établir une « convention » qui participe à nous rendre sensibles à la présence des clés. Par exemple : « Je souhaite me rendre sensible à la présence de mes clés de voiture. »

4. Dernière étape, poser des questions pragmatiques pour retrouver l'objet. Ici, cela pourrait être une série de questions permettant d'affiner au fur et à mesure la recherche, par exemple :

- Mes clés de voiture se trouvent-elles dans la maison ? → Réponse du pendule : **Oui**.
- Se trouvent-elles dans le bureau ? → Non.
- Dans la cuisine ? → Non.
- Dans le salon ? → **Oui**.
- Se trouvent-elles dans le placard de l'entrée ? → Non.

Et ainsi de suite jusqu'à retrouver les clés.

Que vous apportera l'utilisation du pendule ? Ses promesses suscitent l'émerveillement : il aide à la prise de décisions, met sur la piste d'objets perdus ou de métaux souterrains, permet de réagencer son intérieur de façon optimale... Certains promettent même qu'il permet de déterminer les numéros gagnants du loto ! Je ne connais pas de personnes (assurément milliardaires !) capables d'une telle prouesse. Mais quelle que soit la démarche, aussi ambitieuse qu'elle puisse paraître, tout est possible moyennant un effort constant. Au fil des séances, le pendule vous apportera une meilleure connaissance de vous-même, des autres, du monde qui vous entoure. Il pourra être un allié pour gagner confiance en cette petite voix intérieure, et un intermédiaire bienveillant pour aider votre entourage.

UN MONDE DE VIBRATIONS

La radiesthésie réunit des procédés permettant de trouver ce qui est perdu, disparu, enfoui ou inaccessible par des voies de recherches classiques. Pendant des siècles, l'efficacité du pendule se contentait d'explications magiques, ésotériques. Il est temps de démystifier certaines idées reçues ! Aujourd'hui, même s'il reste des zones d'ombre, avec les progrès de la science se sont substitués des concepts bien plus cartésiens relatifs à la physique, aux ondes, à l'énergie vibratoire des atomes... De nombreuses études très sérieuses permettent de faire la lumière sur ce phénomène. Passons en revue quelques-unes des théories proposées ces dernières décennies.

Rappelons que l'on nomme « radiesthésie » cette « sensibilité à des rayonnements qui proviennent des objets* ». Dans beaucoup de traditions séculaires, on considère toute chose de l'Univers comme traversée d'une forme de « conscience » ou « esprit » qui sous-tend la matière. Nous baignons sans cesse dans un flot d'énergie vibratoire qui émane de la terre et du cosmos, d'objets, d'animaux, d'êtres

---

* Dictionnaire Larousse.

humains, ou même de « choses » invisibles (de nos pensées, de personnes décédées...). Chaque être et même chaque objet émet une radiation spécifique, un peu comme chaque élément chimique possède un spectre d'émission caractéristique. L'illustre prix Nobel de physique allemand Max Planck, l'un des fondateurs de la mécanique quantique, a postulé en 1944 lors d'une conférence : « Ayant consacré toute ma vie à la science la plus rationnelle qui soit, l'étude de la matière, je peux considérer au moins ceci à la suite de mes recherches sur l'atome : la matière comme telle n'existe pas ! Toute matière n'existe qu'en vertu d'une force qui fait vibrer les particules et maintient ce minuscule système solaire qu'est l'atome. Nous devons assumer derrière cette force l'existence d'une conscience et d'un esprit intelligent. Cette conscience est la matrice de toute matière. » Certains scientifiques proposent aussi que tout dans le monde serait relié par ce champ invisible, que l'on nomme parfois « conscience », et qui nous connecte indépendamment du temps et de l'espace.

TOUT EST RELIÉ !

Les fascinantes découvertes de Cleve Backster

En 1966, le Dr Cleve Backster, spécialiste des interrogatoires pour la CIA, fait une découverte sans précédent qui tend à démontrer que tout dans l'Univers est connecté. Alors qu'il travaille depuis près de vingt ans en tant qu'expert en détecteur de mensonges, il procède à une expérience sur une plante, la *Dracaena massangeana*. Au cours de celle-ci, il a l'idée de blesser le spécimen, relié à un détecteur, en le brûlant. Parti chercher des allumettes, à son retour, il constate d'étonnants tracés : la plante aurait réagi avant même qu'il ne passe à l'acte. Aurait-elle perçu... son intention ? Le tracé était étonnamment similaire à celui d'un humain surpris par une émotion de courte durée. Plus étonnant encore, le docteur Backster a obtenu des résultats similaires alors que le témoin était à plusieurs kilomètres du végétal. Cette découverte a généré une onde de choc dans les milieux universitaires. Le docteur décida de pousser plus loin le test et mena l'expérience suivante : avec un générateur aléatoire, des crevettes vivantes tombaient dans de l'eau bouillante. Autour d'elles, des plantes raccordées à un polygraphe faisaient office de

« témoin ». Les résultats démontrèrent que les plantes avaient à chaque fois perçu la mort des crevettes, comme si elles étaient d'une certaine manière reliées à elles. Il appela ce phénomène la « biocommunication cellulaire ».
Grâce à ses accomplissements, Cleve Backster a reçu un doctorat honoraire du California Institute for Human Science, une école supérieure et centre de recherche.

De même que nous sommes reliés au monde végétal, comme l'a révélé Cleve Backster, il est possible d'établir une connexion avec tous les règnes, et toute chose qui nous environne, qu'elle soit animée ou inanimée. Le pendule intervient dans l'équation à la manière d'une « antenne » permettant d'amplifier les informations que notre corps a perçues.

D'autres scientifiques de renom ont proposé des pistes concernant le mode opératoire du pendule. Parmi les théories les plus célèbres :

Le professeur Yves Rocard et les cristaux de magnétite

Le professeur Yves Rocard est un scientifique français référent en matière de radiesthésie, qui s'est battu dans les années 1960 pour démontrer la réalité de ce phénomène. Il a prouvé qu'à l'approche d'une source d'eau, les muscles du radiesthésiste se relâchent du fait d'une anomalie dans le champ magnétique, ce qui génère le mouvement du pendule ou de la baguette. On savait que la magnétite que l'on trouve chez certains animaux et insectes tels les oiseaux et les abeilles leur permettait de s'orienter par rapport aux champs magnétiques terrestres... Dans cette lignée, le professeur Rocard a proposé que les lieux traversés par des courants d'eau, des failles, etc., émettent des perturbations magnétiques et que l'être humain y est sensible grâce aux cristaux de magnétite présents en différents endroits de son corps : nuque, coudes, genoux, bas du dos, talons, neurones, etc.

Zaboj Harvalik, l'humain magnétomètre

Dans les années 1970, le physicien américain Zaboj V. Harvalik a mis au point un appareil permettant de mesurer la sensibilité des radiesthésistes. De ses multiples expérimentations, il a conclu que l'individu réagit à des variations du champ magnétique extrêmement faibles, de l'ordre du milliardième de gauss, ce qui en fait le magnétomètre le plus sensible au monde ! L'outil de mesure serait donc bien notre organisme, un incroyable instrument de mesure high-tech.

André de Bélizal et Léon Chaumery : les ondes de formes

André de Bélizal et Léon Chaumery, deux physiciens français du début du XXe siècle, ont proposé que tout objet émettrait une « onde de forme » (c'est-à-dire une énergie générée par une forme spécifique) et que selon sa spécificité et sa particularité, celle-ci influerait sur le corps énergétique de l'être humain. Ce seraient ces ondes de forme que l'on capte en radiesthésie. D'après eux, l'électromagnétisme terrestre passant par les pôles – qui est lié à l'énergie cosmique – est décomposable en ondes. Le corps humain serait l'intermédiaire nécessaire à la traduction de cette énergie. Pour étayer leurs propos, ils construiront une pile radiesthésique... En 2013, ces travaux ont été approfondis par le docteur en physique Laurent Souriau, dont les expériences ont démontré l'action des ondes de forme sur la matière : en utilisant un émetteur d'ondes de forme, il a réussi à rendre magnétique un métal qui ne l'est pas en temps normal...

RADIESTHÉSIE *VS* TÉLÉRADIESTHÉSIE ?

On distingue deux types de radiesthésie : l'une se pratique en présence de l'objet de l'étude, l'autre, nommée « téléradiesthésie », se fait à distance de celui-ci. L'ingénieur Victor Mertens de Wilmars (1888-1965), éminent radiesthésiste belge, définit cette activité ainsi : « Art de capter par notre sensibilité propre, soit directement, soit indirectement par l'intermédiaire d'instruments amplificateurs, tels baguettes et pendules, en dehors du champ sensoriel normal, ou à grande distance, les effluences des corps et de la pensée*. »

* *Radiesthésie, téléradiesthésie et phénomènes hyperphysiques*, Victor Mertens, 1940.

Nous devons à l'abbé Mermet (1866-1937) cette méthode surprenante qui défie les lois de la physique. L'abbé reçut de l'un de ses amis un plan de son logement et de son jardin et proposa de détecter à distance, avec son pendule, « ce qu'il aurait dans sa maison, en or, en argent, en charbon ». Face à l'exactitude des résultats, l'ami écrit à l'abbé Mermet : « Je suis ahuri et je suis dans la stupéfaction la plus absolue. Comment pouvez-vous arriver, à la distance de 1 015 kilomètres qui sépare Pornis et Landerin, comment, dis-je, pouvez-vous arriver à déterminer d'une façon aussi précise les objets cachés, la quantité, l'emplacement, le jour et l'heure où la personne a pu renfermer ces objets ? » Aujourd'hui, il est devenu commun de faire des recherches à partir de plans, cartes, photographies, ou même à partir d'une planche du corps humain pour déceler des maladies.

ÉCOLE DES PHYSICIENS *VS* ÉCOLE DES MENTALISTES

Il existe aujourd'hui deux écoles pour tenter d'expliquer le rôle de l'être humain dans le phénomène radiesthésique, qui s'opposent depuis les années 1930 :

- l'école des mentalistes ;
- l'école des physiciens.

Alors que les premiers considèrent la radiesthésie comme un phénomène parapsychologique, les seconds soutiennent qu'elle suit simplement les lois de la physique. Pour les physiciens, tout objet émet des ondes. L'individu peut se contenter de les capter (il est récepteur) ; ou il peut également émettre des ondes vers lui à la manière d'un radar, puis les capter en retour (il est donc aussi émetteur et récepteur). L'illustre radiesthésiste Jean-Louis Crozier (1944-2009), qui s'est spécialisé dans la recherche de personnes disparues, a témoigné de ces ressentis si particuliers : « Lorsque je travaille au pendule, je me compare à un radar : mon cerveau émet une sorte d'onde porteuse, peut-être d'origine électrique, en direction du disparu, onde qui me revient ensuite sous forme de réponse positive ou négative. »

Pour l'école mentaliste, la radiesthésie fait aussi appel à des qualités telles l'intuition ou la perception subtile. C'est ce qui permettrait d'expliquer les ressentis à distance en téléradiesthésie. Toutefois, pour les partisans de l'approche cartésienne, certains aspects de cette théorie vont à l'encontre des lois de la physique. En effet, d'après la science, tout rayonnement d'énergie (magnétique, lumineux, électrique...) s'affaiblit de façon proportionnelle au carré de la distance qu'il parcourt. Il devrait donc être impossible, théoriquement, de percevoir les émanations d'un objet à distance... Michel Moine (1920-2005), un éminent radiesthésiste, a avancé l'argument suivant en faveur de la radiesthésie mentale : « Votre pendule tourne au-dessus d'un point d'eau. Ne quittez pas l'endroit où il s'est mis en mouvement et fixez-le à un support : il restera immobile. Pourtant, selon la théorie des physiciens, le point d'eau continue à émettre des ondes qui, logiquement, devraient provoquer les oscillations de votre appareil, que vous le teniez ou non. » Il conclut que « si la radiesthésie ne s'expliquait que par des phénomènes physiques, tous les opérateurs devraient avoir le même talent, puisque leur personnalité n'entrerait pas en jeu et qu'ils ne feraient qu'appliquer des lois immuables ».

Si la téléradiesthésie est aujourd'hui un phénomène inexplicable à la lumière de la science moderne, la physique quantique qui nous affranchit des limites de l'espace et du temps pourrait proposer des amorces de réponses.

Face aux mille et une facettes encore méconnues de l'esprit humain, restons modestes et envisageons tous les possibles !

EXERCICE

Ressentir les vibrations émises par un objet

Vous l'avez compris, la radiesthésie est indissociable de notre capacité à capter les informations au-delà de ce que nos cinq sens perçoivent. Ces « sens subtils » ne demandent qu'à se développer. Pour cela, je vous propose un premier exercice, qui permettra de vous sensibiliser progressivement à votre environnement vibratoire. Tout objet émet un champ d'énergie dont il est possible de ressentir les nuances. Le panel de sensations est le même qu'avec nos sens habituels, mais plus ténu. Un objet peut ainsi émettre du chaud, du froid, du piquant, du coupant, du doux, de l'agréable ou du désagréable, etc.

- ***Méthode***

Pour cet exercice, choisissez deux objets de texture, densité ou formes différentes, par exemple un couteau bien pointu et une orange.

Prenez quelques instants pour vous détendre, quelques profondes respirations vous permettront d'être dans un état de réceptivité optimal. Sentez le contact de vos pieds au sol, prenez le temps d'un petit état des lieux de votre corps et détendez les parties qui demandent à l'être.

Puis procédez comme suit :

❯ placez votre main au-dessus de l'orange, à 2-3 cm, et émettez l'intention de ressentir son champ vibratoire. Vous pouvez effectuer des légers mouvements de va-et-vient de haut en bas, pour sentir la différence de sensations à l'approche de l'objet. Percevez-vous des picotements ? De la chaleur ? Un sentiment de légèreté ou de lourdeur ? Soyez attentif à toutes les sensations ressenties dans votre main. Au besoin, fermez les yeux pour limiter les distractions ;

❯ dans un second temps, placez la paume de votre main au-dessus de la pointe du couteau, à 2-3 cm, et demandez à ressentir son champ vibratoire. Vous devriez capter son aspect tranchant et froid au creux de votre main, une sensation bien différente de l'énergie émise par l'orange.

Si vous ne ressentez rien, pas de panique ! Recommencez l'exercice chaque jour, en testant divers objets. Les sensations, très subtiles au départ, seront de plus en plus manifestes au

→

fil du temps. Chaque objet de votre environnement, mais aussi chaque animal, plante ou être humain émet des vibrations, n'hésitez pas à vous entraîner à les percevoir dès que l'occasion se présente.

Chapitre 3
L'importance de l'opérateur

« Le mental intuitif est un don sacré et le mental rationnel est un serviteur fidèle. Nous avons créé une société qui honore le serviteur et a oublié le don. »

Albert Einstein

LE PENDULE, C'EST VOUS !

Pour couper court à une idée reçue : la radiesthésie n'est pas un don ! Tout être vivant a la faculté de percevoir son environnement vibratoire. Un débutant pourra en quelques heures commencer à manier le pendule et découvrir ce qui se cache derrière le voile de la forme. Cet outil est souvent perçu comme détenteur d'un pouvoir magique propre. Qui alors, de l'opérateur ou de l'objet, détecte les influences ? Le pendule est une interface inerte, neutre électriquement. Seul l'opérateur détient la sensibilité radiesthésique : l'outil n'est pas un instrument magique ou divinatoire, mais un simple intermédiaire, un amplificateur mettant en lumière ce que vous avez su capter. Si le résultat est là, c'est uniquement grâce à vous, qui le tenez entre vos mains !

EXERCICE

Le pendule humain

Votre corps sait ! Il perçoit une myriade d'informations en permanence, dont vous n'êtes pas toujours conscient. Pour comprendre que c'est bien vous, et non l'instrument qui capte le monde qui nous entoure, voici un exercice de kinésiologie – une discipline qui s'appuie sur le corps afin d'identifier des blocages ou de répondre à des questions personnelles – qui vous permettra d'utiliser votre corps à la manière d'un pendule géant.

- ***Méthode***

Dans un premier temps, il convient de déterminer quelle est la convention. Par exemple, en position debout, si votre corps bascule vers l'avant, cela signifie « oui », si c'est vers l'arrière, cela signifie « non ».

Pour cela, fermez les yeux, prenez quelques instants pour vous centrer, puis énoncez une phrase simple de type « Je m'appelle Aurélie » à haute voix ou dans votre tête.

Étant donné que cette affirmation est juste, si mon corps bascule vers l'avant, il m'indique que cela correspond au « oui ».

Si je dis ensuite « Je m'appelle Stéphanie », mon corps devrait logiquement basculer vers l'arrière… C'est « non ».

Cette convention tout à fait personnelle peut aussi être inversée, le « oui » me faisant basculer en arrière.

Il est désormais possible de poser de nombreuses questions, par exemple :

❯ « Dois-je m'inscrire à la conférence sur la radiesthésie prévue le 25 mars à Lyon ? »

→ Le corps répondra par « oui » ou par « non ».

❯ « Dois-je accepter le nouveau poste de ressources humaines qui m'est proposé par telle entreprise ? » → Oui ou non.

Et ainsi de suite, l'idée étant que votre corps perçoit intuitivement les réponses à ces questions.

UN POINT SUR LA NOTION D'INTUITION

« L'Intuition, c'est-à-dire la vue de l'esprit, ne s'acquiert que par une longue habitude à regarder. »

Jaime Balmes, philosophe espagnol

Le dictionnaire Larousse définit l'intuition ainsi : « Connaissance directe, immédiate de la vérité, sans recours au raisonnement, à l'expérience. Sentiment irraisonné, non vérifiable qu'un événement va se produire, que quelque chose existe. »

Les Henry de France père et fils, tous deux théoriciens de la radiesthésie au XXe siècle, introduisent dans *Radiesthésie théorique et pratique* cette notion liée au pendule : « La radiesthésie est l'art de provoquer l'intuition pour essayer de découvrir ce qui ne tombe pas sous les sens habituels, en utilisant une baguette en équilibre instable ou un pendule, pour obtenir des mouvements inconscients, auxquels une signification conventionnelle est attribuée. »

Étymologiquement, l'intuition vient des mots latins *in* (« en, dans ») et *tueri* (« regarder attentivement, contempler »). « Intuition » signifie donc l'acte de regarder attentivement à l'intérieur de soi, voir de l'intérieur. C'est une faculté précieuse et souvent galvaudée, qui permet de trouver des réponses quand notre mental rationnel en est incapable. Cette capacité humaine universelle, aussi nommée « sixième sens », est un mode de connaissance indépendant d'un raisonnement logique, analytique ou déductif. Il s'agit d'accéder à un savoir immédiat et infini sur les choses, qui provient de l'intérieur de nous. Elle n'est pas soumise au doute, par définition, elle est toujours juste, car émanant de forces supérieures. Elle surgit comme un éclair de compréhension, et on la relie à la part spirituelle de l'être humain.

Toutefois, ce sens subtil a souvent été réduit au silence, du fait de nos programmations : notre éducation, l'influence de notre entourage et de sociétés résolument rationalistes. D'autre part, la déconnexion à notre corps au profit d'un mental constamment suractivé nous coupe de ces perceptions. La pratique de la radiesthésie vous permettra progressivement de renouer avec cette « petite voix intérieure » et d'en faire un précieux allié au quotidien.

L'intuition semble être une notion bien loin de la science, si ce n'est antinomique. Pourtant, une étude sur cette capacité de l'esprit humain menée dans les années 1930 par deux chimistes américains nommés Platt et Baker révèle des résultats étonnants... Sur 232 scientifiques interrogés, toutes disciplines confondues, 83 % s'estiment aidés par des « intuitions inconscientes ». Cette idée est confirmée par l'un des plus grands génies de tous les temps. Peu connaissent le rôle central joué par l'intuition dans les découvertes d'Albert Einstein sur le temps, l'espace et l'Univers. Dans une lettre à un ami, le physicien explique que l'intuition, intimement liée à l'imagination, est la seule voie menant aux idées et aux découvertes. « Un bond se produit dans la conscience, et la solution vient à vous, et vous ne savez ni comment ni pourquoi », explique-t-il. L'intuition était si précieuse à ses yeux qu'il la qualifia de « seule chose qui vaille au monde ».

Au tableau d'honneur des découvertes scientifiques intuitives, citons :

- **Archimède**, mathématicien du IIIe siècle av. J.-C. Il serait sorti nu de son bain et, courant dans la rue vêtu comme un ver, aurait crié « Eurêka ! » (« J'ai trouvé ! » en grec). En observant l'eau déborder de la baignoire, il avait compris le principe de la poussée qui porte désormais son nom ;

- **Sir Isaac Newton,** au XVIIe siècle. En pleine réflexion sous un arbre, il reçut une pomme sur la tête. Il est dit que ce choc provoqua, subitement, sa compréhension de la gravitation universelle ;

- le physicien **Peter Higgs**, dans les années 1960. Parti en vacances dans les montagnes écossaises des Highlands, il eut en un éclair l'intuition de l'existence de la « particule de Dieu ». Celle-ci fut officiellement identifiée en 2012 et porte aujourd'hui le nom de « boson de Higgs » ;

- **Melvin Calvin**, prix Nobel de chimie en 1961. Alors qu'il patientait dans sa voiture, attendant que son épouse termine ses emplettes dans un centre commercial, il aurait compris en une fraction de seconde le mode de formation du carbone.

EXERCICE

Développer son intuition en quelques minutes par jour

Voici un petit exercice tout simple à pratiquer pour muscler votre intuition. Quand cela est possible (évitez une journée où votre emploi du temps est trop rempli), retirez votre montre. Lorsque vous devez connaître l'heure, interrogez votre intuition et laissez venir les premières images, qu'il s'agisse d'un cadran indiquant l'heure ou de chiffres. Évitez de les analyser et restez sur la première idée qui vous apparaît, sans projection, de façon totalement passive et « réceptive ».

Cet exercice peut s'appliquer à de nombreux éléments du quotidien : par exemple à la réception d'un e-mail, et si le titre ne le trahit pas, tentez intuitivement de sentir quel est son contenu. Avant de regarder la météo du lendemain, tâchez de deviner ce que vont réserver les éléments, etc.

LES QUALITÉS D'UN BON RADIESTHÉSISTE

Si tout le monde peut prétendre à la pratique de la radiesthésie, certaines qualités humaines permettent indéniablement de progresser plus rapidement. À l'inverse, le pendule vous amènera inévitablement à développer ces caractéristiques dans un cercle vertueux. Quelles sont donc les qualités d'un bon radiesthésiste ?

L'intuition

Comme je viens de le détailler dans le chapitre précédent, l'efficacité du pendule réside avant tout dans votre capacité à développer une bonne écoute intérieure et à explorer attentivement ce langage subtil personnel que l'on nomme « intuition ». Vous l'aurez compris, le pendule n'est rien sans son opérateur, qui est le véritable instrument de lecture du monde vibratoire. Cette caractéristique n'est pas l'apanage de quelques personnes dotées d'un « don » : tous les êtres humains ont la faculté de développer cet outil de l'âme.

La persévérance

Ensuite, la persévérance est de mise. Comme on le dit, « Rome n'a pas été bâtie en un jour ». Peut-être débutez-vous en radiesthésie. Si vous avez eu l'occasion d'apprendre un instrument de musique, souvenez-vous de vos débuts maladroits, du temps nécessaire avant que n'émergent les premières mélodies. L'essentiel est de pratiquer les exercices proposés dans ce livre de façon régulière et progressive, et de ne pas vous décourager si les résultats tardent à venir : il y aura beaucoup d'échecs, et comme dans chaque apprentissage, ce sont eux qui vous feront progresser. N'hésitez pas à passer systématiquement en revue les causes d'erreurs, qui sont listées au chapitre 2 sous le titre « Mettre toutes les chances de votre côté » (voir p. 137). Commencez par des exercices simples, et ne passez au niveau supérieur qu'une fois ceux-ci bien maîtrisés. Cela évitera tout découragement.

Un esprit novateur

Ce livre a pour but de vous permettre de mieux comprendre la radiesthésie et de faire vos premiers pas dans des conditions idéales. Il propose des exercices de base à partir desquels je vous invite à vous affranchir des règles ! Rien ne vaut le fait de vous appuyer sur les constatations empiriques que vous pourrez faire à mesure de votre pratique, d'apprendre de vos expériences, en somme. Il est important de préciser qu'il n'existe pas de méthode universelle concernant cet art qui fait intervenir certains aspects les plus mystérieux de la vie. Chacun et chacune a ses particularités, chaque radiesthésiste a ses méthodes. Comme pour toute nouvelle activité, ce qui compte est le plaisir que l'on prend à la pratiquer. Le fait de l'aborder à la manière d'un jeu avec la curiosité d'un enfant et de s'exercer régulièrement est la clé d'un apprentissage efficace.

Modestie et éthique

Enfin, avoir une démarche claire est central. L'utilisation du pendule peut vous apporter ce qui pourra s'apparenter pour certains à un « pouvoir », dont vous êtes libre de vous servir pour devenir un meilleur individu, aider votre prochain... ou pas ! Si cette pratique est souvent perçue comme relevant du spirituel, cette idée n'est toutefois pas relative au fonctionnement de l'objet en lui-même ou à votre intuition, mais plutôt à votre démarche, à la façon dont vous faites appel au pendule et à votre état intérieur lorsque vous procédez.

L'AVIS DE RAYMOND MONTERCY, RADIESTHÉSISTE

Raymond Montercy est géobiologue, expert en radiesthésie. Il a travaillé en tant que technicien au Centre national de recherche scientifique (CNRS) de Toulouse, une institution de recherche parmi les plus importantes au monde, et partage avec nous quelques clés relatives aux qualités d'un bon radiesthésiste.
« Être un bon radiesthésiste dépend de notre ouverture, de notre capacité de réception. C'est la toute première chose à prendre en compte et à travailler. La radiesthésie, qui touche tous les domaines, peut être utilisée mais pas n'importe comment.
Le pendule est un jeu qui se joue en binôme avec le mental, qui peut servir ou desservir en fonction de sa stabilité, et interprète les signaux en fonction de ses filtres personnels. La radiesthésie est un domaine de perception extrêmement sensible, il convient donc de faire attention à ce que l'on dit, aux conclusions

hâtives. Si la personne qui utilise l'outil n'est pas "ouverte", elle peut se raconter des histoires liées à une interprétation mentale et à une incompréhension du phénomène. C'est ce que j'ai remarqué lors de stages, au sein de groupes jeunes et sans expérience. Avec le pendule, il est possible de toucher à une certaine réalité, mais pour cela, il faut que celui qui pratique soit "stable". La méditation aide beaucoup à cela. Beaucoup de personnes qui découvrent leur sensibilité s'imaginent avoir un pouvoir. Mais ce pouvoir est totalement illusoire, car il ne dépend que d'eux et de ce qu'ils vont en faire. C'est là que se situe le danger de cet outil. Au début, le mental suit le mouvement du pendule, il est un peu désordonné. Puis, avec la pratique, il se stabilise. C'est comme quand vous jouez du piano, ou de n'importe quel autre instrument. Au début vous faites des erreurs, puis, petit à petit, à force de jouer, vous arrivez à tomber sur le "canal" qui vous permet de comprendre la musique. »

Clarifier sa démarche

Le pendule peut-être un véritable allié dans votre vie, mais son utilisation demande d'être vigilant sur quelques points.

- **Il demande adaptabilité et discrétion :** tout le monde ne perçoit pas d'un bon œil cette pratique, et une présence inamicale peut suffire à fausser les résultats. Peut-être est-il sage de ne pas sortir son pendule de façon intempestive en public et de se contenter au départ de s'exercer auprès de personnes de confiance, en toute intimité.
- **La notion de consentement est essentielle.** Il est un formidable outil pour aider celui qui en fera la demande, à la condition que ce dernier ait explicitement formulé son consentement. « Ma liberté s'arrête là où commence celle d'autrui », dit-on. Aussi est-il essentiel de se demander : ai-je l'autorisation d'agir ? Est-ce juste ? Libre à chacun de se faire juge de ces questions très personnelles. Sachez aussi qu'il est plus difficile d'obtenir de bons résultats auprès des personnes qui nous sont liées affectivement.
- **Travailler avec humilité et déontologie,** et en accord avec l'état de vos connaissances et de vos compétences, est essentiel. Certains domaines de recherche en radiesthésie représentent d'importants enjeux et ne sont à aborder qu'avec une solide expérience, et toujours beaucoup de vigilance. Cela vaut par exemple pour toutes les questions d'ordre

médical, à manier avec précaution et qui ne doivent jamais se substituer à un avis professionnel. Même un praticien aguerri se trompe parfois ! De même, vous lancer dans la recherche d'animaux perdus ou de personnes disparues doit être fait avec la plus grande attention. Imaginez les responsabilités du radiesthésiste Jean-Louis Crozier, qui travaillait avec la police et leur indiquait notamment si une personne était toujours vivante ou décédée... Si vous souhaitez étudier sur ce type de cas, attendez d'avoir obtenu des résultats solides et vérifiables, au risque sinon de causer de grosses déceptions et de vous attirer des ennuis. Sans compter la probabilité d'induire en erreur et de perdre un temps précieux à chercher le disparu.

- **Le pendule n'a pas tout pouvoir,** simplement celui de vous relier à vous-même, de gagner confiance en vos perceptions. Ne pas oublier l'essentiel : le pendule, c'est vous ! Toutes les réponses sont en vous et votre outil ne doit intervenir que de façon justifiée, sans se substituer à votre discernement. Par ailleurs, ne vous fiez aux résultats qu'une fois que vous avez bien progressé dans votre pratique et que les réussites sont majoritaires.

- **Enfin, ce qui compte, c'est votre démarche** et que vos intentions soient claires. Il s'agit avant tout de faire connaissance avec ce « sixième sens ». Aborder la radiesthésie à la façon d'un enfant qui découvre une nouvelle activité sans idée préconçue est gage d'une belle aventure aux côtés de cet outil merveilleux.

Chapitre 4

Champs d'utilisation

En radiesthésie, les seules limites sont celles de votre imagination ! Les domaines embrassés par cette pratique s'étendent à des prospections de toutes natures. D'une manière générale, il peut être intéressant de déterminer quel champ vous souhaitez étudier : le fait de se concentrer sur une typologie de recherche permettra de progresser plus rapidement, puisque votre attention ne sera pas éparpillée. Par ailleurs, en fonction du domaine d'investigation, des connaissances élémentaires pourront se révéler nécessaires : trouver une source d'eau (hydrologie, géologie) ne relève pas des mêmes compétences que d'utiliser le pendule à des fins médicales (anatomie, pathologie), afin de trouver des objets perdus ou de mesurer le taux vibratoire d'une maison. Une « culture générale » relative à la nature de vos recherches est donc indispensable.

Voici les champs d'exercices de la radiesthésie les plus communément visités :

La radiesthésie divinatoire

Il est possible d'interroger le pendule sur des questions relatives à votre avenir ou à des événements passés. La radiesthésie peut servir à répondre à des questions personnelles et permettre de capter les informations inconscientes pour éclairer un chemin, porter à la connaissance des éléments encore enfouis chez le consultant. Ces questions peuvent concerner tous les domaines de votre vie, qu'il s'agisse d'orientation professionnelle, de gestion des affaires, de questions d'ordre intime, affectives ou du quotidien... Le pendule permettra de confirmer une décision, de choisir les bons partenaires ou les bons projets, de vous conforter dans un projet immobilier, etc.

Voici quelques exemples de question que l'on peut poser :

- Quel temps fera-t-il le lundi 25 avril 2022 ?
- Dois-je faire équipe avec ce collaborateur ?

- Est-ce le bon moment pour vendre ma maison ?
- Dois-je choisir cette destination pour mes vacances ?
- Cette personne est-elle digne de confiance ?
- Est-ce que cette date est propice au bon déroulé de mon opération chirurgicale ?
- Faut-il lancer tel produit sur le marché ?

Résoudre des enquêtes policières, localiser personnes et animaux disparus, objets perdus…

C'est assurément l'un des domaines les plus complexes à aborder en radiesthésie, et l'un de ceux qui nourrissent le plus les fantasmes. De tout temps, voyants et radiesthésistes ont été consultés pour la résolution d'énigmes policières, notamment la disparition de personnes. Henry de France avait supposé que dans ce genre de recherches, l'influence télépathique pouvait jouer un grand rôle. Par exemple, lorsqu'il travailla sur le cas d'un vol, la victime, ayant une idée bien définie du coupable et connaissant son adresse, la lui aurait selon lui transmise par la pensée.

Dans ce livre, nous nous concentrerons sur la localisation d'objets : ce domaine d'application vous sera d'une grande utilité au quotidien, pour retrouver vos clés, votre téléphone portable, un bijou égaré, une voiture « perdue » dans un parking, etc. La recherche d'êtres vivants, bien plus périlleuse et non dénuée d'enjeux, est réservée aux radiesthésistes extrêmement expérimentés.

L'EXPÉRIENCE DU FAUX DISPARU

En 1988, l'équipe d'Antenne 2 a soumis le radiesthésiste Jean-Louis Crozier, réputé pour sa capacité à résoudre les enquêtes pour disparitions, à un test grandeur nature.
Sans que l'homme soit au courant, un « faux disparu » part se cacher dans un lieu tiré au sort. L'ensemble de l'exercice est placé sous contrôle d'un huissier de justice. Une carte est remise au radiesthésiste, ainsi que des photos du « disparu ».
Dans un premier temps, il détecte un signal faible proche d'un village nommé Lazuel. Il s'avère que le « disparu » se trouvait chez son père, dans ce village, quelques heures auparavant ! Puis un autre écho, plus net cette fois-ci, est capté par Jean-Louis Crozier, qui localise l'homme au sud de l'entrée de la piste d'un

aérodrome. Une battue est organisée, et la personne est retrouvée à l'intérieur de la zone de recherches établie par le praticien.
Ce fut un soulagement pour monsieur Crozier, qui mettait tout de même sa réputation en jeu devant la France entière !

La radiesthésie médicale

Le pendule peut aussi s'utiliser au service de notre santé ou de celle de nos proches ; on nomme cette pratique la « radiesthésie médicale ». Elle nécessite bien sûr de bonnes connaissances en la matière (anatomie, pathologie...) et de grandes précautions : on ne travaillera qu'avec des boissons ou remèdes naturels et sans risques (tisanes, fleurs de Bach, homéopathie, etc.), ou pour suggérer le meilleur accompagnement naturel (ostéopathie, acuponcture, hypnose, etc.). Le radiesthésiste pourra intervenir à double titre : pour détecter les déficiences de l'organisme, qu'elles soient physiques, énergétiques ou émotionnelles, et pour suggérer un ajustement. Si chacun est libre de disposer de sa propre santé, pour toute pratique consentie et éclairée sur un autre que soi, le « diagnostic » radiesthésique sera exclusivement préventif, et toujours soumis au diagnostic médical. Quel est alors l'apport de la radiesthésie médicale ? Elle interviendra en complément de la médecine et pour prendre en compte l'être humain dans sa globalité (physique, émotionnelle, spirituelle...). Il en est de même pour la radiesthésie vétérinaire, à manier avec toute la vigilance qui s'impose, et beaucoup d'expérience. Un radiesthésiste qui outrepasserait ses fonctions risque d'être condamné pour exercice illégal de la médecine.

UN POINT HISTORIQUE

L'abbé Mermet est souvent considéré comme le père de la radiesthésie médicale. Au tout début du XXe siècle, il émit l'idée d'une analogie entre les eaux souterraines, leurs spécificités et anomalies, et la circulation sanguine. Puis entre les couches géologiques et les artères, muscles, os... Perçu d'un mauvais œil par certains médecins, il fut condamné pour exercice illégal de la médecine, avant d'être tiré de ce mauvais pas par L'Association internationale des radiesthésistes, composée de plus de deux cents médecins.

En agriculture et jardinage

Dans le monde agricole ou au jardin, la radiesthésie a de très nombreuses applications : elle permet de détecter les sources d'eau, de choisir le meilleur emplacement pour une plante ou un animal, le soin naturel le plus adapté, les associations optimales de végétaux, les dates de semis ou de récolte, etc.

LA RADIESTHÉSIE APPLIQUÉE À L'AGRICULTURE

De nombreux radiesthésistes et géobiologues interviennent auprès d'agriculteurs confrontés à des problèmes tels une surmortalité inexpliquée de leurs animaux, du cannibalisme, des mammites ou des soucis de croissance. Les végétaux peuvent eux aussi présenter des signes de perturbation : ils ne poussent pas correctement, ou pas du tout dans certaines zones. Ces phénomènes peuvent être liés à l'activité humaine, par exemple à des anomalies électriques ou l'interférence d'éoliennes, ou à la géobiologie, la présence de failles souterraines, cours d'eau, etc. Le pendule peut être utilisé pour détecter ces perturbations, directement sur le terrain ou à distance sur une carte.

→

L'avantage de la radiesthésie pratiquée dans un tel contexte est l'encadrement sanitaire : tout est généralement noté et supervisé par un vétérinaire. Par ailleurs, une fois la source de pollution détectée, on peut constater le résultat immédiatement. Il n'y a pas notion de psychologie sur un végétal ou un animal, donc pas d'effet placebo.

En géobiologie ou hydrologie

Failles géologiques, veines d'eau souterraines ou réseaux cosmotelluriques sont tout autant d'influences indispensables à la vie, mais qui en fonction de leur implantation et de leur intensité peuvent aussi avoir des effets délétères sur le vivant. La géobiologie consiste à détecter ces champs, et à effectuer si nécessaire des mesures correctives. Le pendule permet non seulement de localiser les influences pathogènes, mais aussi de faire les corrections nécessaires, avec un pendule émetteur par exemple. Selon le professeur Rocard, 50 % des individus seraient sensibles à la présence d'eau souterraine. Appliquée à l'habitant, la radiesthésie permet de déterminer si le lieu est néfaste ou non pour la personne qui l'habite. Elle accompagne dans le choix d'un terrain adapté pour un projet de construction, peut confirmer si la maison que l'on souhaite acheter nous est favorable, etc. Le pendule est un outil utilisé parmi d'autres, tels la baguette, l'antenne Lecher et tout un arsenal électronique très sophistiqué.

GÉOBIOLOGIE ET SANTÉ

Dans une étude édifiante*, Christian Cransac, géobiologue, et Raymond Montercy, ancien chercheur au CNRS, ont mis en évidence le lien entre les perturbations cosmotelluriques et les maladies développées par les habitants des maisons concernées.

Réalisée par 62 géobiologues, cette enquête rassemble un échantillon aléatoire de 1 200 habitations dans lesquelles demeurent des personnes souffrant de maladies graves.

Les mesures effectuées ont permis d'établir que le taux vibratoire d'un individu s'alignait sur celui de sa maison. Entre autres, dans 43 % des cas, on a relevé des perturbations liées aux ondes électromagnétiques ; puis courants d'eau souterrains et cheminées cosmotelluriques totalisent à eux seuls quasiment le tiers (33 %) des phénomènes identifiés.

* À retrouver sur www.puissancev3.com

En feng shui

Le pendule est étroitement lié à la pratique du feng shui, cet art de l'aménagement de notre espace venu de Chine, qui nous permet de retrouver l'harmonie grâce à l'optimisation de la circulation des énergies. Tout a son importance dans cette philosophie : le plan de la maison, sa situation, l'aménagement du jardin, les matériaux de construction, les couleurs, formes, et l'aménagement intérieur.

Il permet d'optimiser notre santé, notre bien-être émotionnel, mais aussi notre prospérité, notre chance, nos relations, etc. Traditionnellement, il convient de nous occuper en priorité de notre extérieur (jardin, terrasse, etc.), puis de notre maison et de son aménagement. Tout comme en géobiologie, le pendule a ici une double fonction : il aide à effectuer un diagnostic, puis, dans un second temps, à harmoniser l'espace en fonction des données récoltées.

En archéologie

La radiesthésie appliquée à cette discipline permet, en association avec des archéologues professionnels, d'affiner les recherches, de détecter le lieu où se trouveraient les vestiges, et pourquoi pas de questionner l'histoire de l'objet (époque, fonction, etc.). Certains radiesthésistes sont très sensibles aux inégalités du sous-sol et sont capables de déceler très facilement des cavités naturelles ou creusées par l'être humain.

Le révérend père Jean Jurion, radiesthésiste, partage la découverte d'un monument trouvé grâce à cette discipline :

« En 1951, J.-M. Blanc, radiesthésiste au palmarès très chargé de beaux succès, fut sollicité pour rechercher un coffret de bijoux dans l'immeuble du n° 5 de la rue des Juifs, à Strasbourg. Au cours de sa recherche, il se rendit compte qu'il y avait, dans la cave aux magnifiques voûtes gothiques, autre chose à découvrir ; le pendule indiqua qu'il s'agissait d'un monument romain remontant à l'époque de Trajan, renfermant des corps avec bijoux et objets d'art de l'époque gallo-romaine. [...] Trois jours après, les ouvriers atteignaient, exactement à la profondeur indiquée, la voûte du monument. Le conservateur en fut averti ; il prit la direction des travaux et il trouva ce qui avait été annoncé par M. Blanc ; on peut admirer les objets gallo-romains, découverts à cet endroit, au musée de Rohan. »

Pour la prospection de minerais, la recherche de métaux ou de « trésors »

On trouve mention de baguettes de bois pour la recherche de minerais dès le XVIe siècle dans le livre *De Re Metallica* de Georgius Agricola (1556). Dans son ouvrage, il décrit des mineurs allemands faisant usage de baguettes en Y pour détecter des dépôts d'or. Plus récemment, pendant la guerre de 1914-1918, l'abbé Bouly détecta dans le sol une multitude d'obus non éclatés...

Comme en amont de toute recherche radiesthésique, cette discipline délicate demande d'avoir collecté un maximum d'indices amenant un faisceau de présomption quant à la possible présence d'un métal ou d'un trésor à un endroit plus ou moins défini. L'utilisation d'un « témoin » – par exemple un échantillon du matériau – est d'une grande aide, d'autant qu'il faudra ici définir l'emplacement et la profondeur de l'objet de la recherche. Le travail de localisation peut être de longue haleine, mais ô combien gratifiant, comme en témoigne Albert Fagioli, véritable chasseur de trésors des temps modernes !

LE CHASSEUR DE TRÉSORS

3 questions à Albert Fagioli, spécialiste en « archéologique intuitive »

1. *Qu'est-ce qui vous a amené à vous lancer dans la recherche de trésors, grottes et autres cavités ?*

À 17 ans, j'étais passionné par la recherche de trésors. J'avais acheté une « poêle à frire » (un détecteur de métaux) à 400 francs à l'époque. Dès que l'appareil bipait, c'était la surprise, je ne savais jamais sur quoi j'allais tomber… J'ai vite laissé tomber, car cette méthode n'était pas assez discriminatoire. Comme j'étais dans le nord-est de la France, il y avait beaucoup de métaux et pierres ferreuses, et l'appareil ne faisait pas la différence entre ces matériaux sans valeur et de l'or par exemple. J'ai mis la poêle « au placard », et à l'âge de 35 ans, en 1995, j'ai lu dans une revue qu'il existait un appareil nommé Dowser (une sorte de bâton de sourcier plus élaboré), permettant de localiser les

→

dépôts enterrés, les souterrains, cryptes, etc. J'ai dépensé 2 500 francs pour l'acheter et j'en ai profité pour investir dans un « pendule de l'abbé Mermet » et des baguettes de sourcier en cuivre. J'ai commencé à pratiquer avec la recherche de tout-à-l'égout et les descentes de chenaux dont je connaissais la localisation, pour vérifier mes résultats. Depuis 2009, j'effectue des recherches dans toute la France, au sein d'églises, de cathédrales (Rennes-le-Château, Carcassonne, etc.), je localise les cavités méconnues et des trésors perdus.

2. *Les résultats sont-ils probants ? Pouvez-vous nous donner quelques exemples de vos découvertes ?*

Oui, les résultats sont étonnants ! J'ai localisé la seule crypte qui relie la tour du Trésor à Carcassonne, construite par les Wisigoths, et également contribué à des recherches financées par une commune templière du sud de la France, pour laquelle on m'a demandé de garder l'anonymat. Le problème est que dans notre pays, il est rare que les fonds soient déployés pour aller plus loin et mettre au jour les sites une fois localisés.
C'est parfois plus simple à l'étranger : en Calabre, une région d'Italie, je participe en ce moment avec Jean-Claude Barré à la recherche du tombeau du roi des Wisigoths, enterré

sous la rivière autour de 410. Nous utilisons nos deux méthodes de localisation et toutes les nouvelles technologies possibles. Dans ce cas précis, le projet est en phase finale et nous allons pouvoir creuser ! J'ai aussi localisé l'île au trésor du célèbre capitaine Kidd (1645-1701) en Thaïlande. Le site n'a pas encore été fouillé car il s'agit d'une île privée, mais nous avons trouvé des marques indiquant « W K » sur un rocher, correspondant à « William Kidd »... Tout indique que le trésor est bien là. Au moment où vous écrivez ces lignes, je viens aussi de signer un contrat avec une équipe anglaise pour la recherche d'une épave mythique au large des côtes anglaises, au nom de code « MR21 ». Enfin, j'ai fait de nombreuses découvertes plus modestes, comme la localisation de puits, de grottes, ou par exemple un petit coffre au trésor avec des pièces d'une valeur de 400 euros, que j'avais datées avec justesse entre 1800 et 1900.

3. *Comment intervient le pendule dans vos recherches ?*

C'est un outil qui permet d'affiner les recherches, puisqu'il répond aux questions par « oui » ou « non », et par exemple de confirmer qu'il y a bien un trésor. Il nécessite toutefois de rester neutre pour éviter les inductions, et pour cela, il est important d'être en bonne forme physique et mentale. Cela demande des années de

→

pratique… Lors de mes recherches, je peux m'aider de ce que l'on appelle un « témoin » : je tiens par exemple une pièce d'or dans la main qui ne manie pas le pendule, ou je place de l'or dans le pendule Mermet qui fonctionnera à la manière d'une antenne. Quelque chose qui est enterré crée un champ magnétique vertical, et le pendule avec témoin détectant ce champ pointe dans la direction de l'objet recherché.

Chapitre 5

Choisir son pendule

UNE GRANDE VARIÉTÉ D'OUTILS...

Le pendule connaît un véritable essor depuis quelques dizaines d'années. De ce fait, un nombre important de modèles ont été imaginés (plus de trois mille), ce qui laisse l'embarras du choix... ou peut rendre perplexe ! En effet, comment s'y retrouver face à la diversité de matières et de formes proposées ? Comment savoir quel outil sélectionner ?

D'une manière générale, voici ce qui distingue les modèles de pendules :

- **leur forme :** ronde, ovale, en forme de goutte ou de spirale... ;
- **leur matière :** bois, cristal de roche, grès, verre, cuivre, laiton, aluminium... ;

- **leur fonction :** émetteur ou récepteur et émetteur.

Toutes les études effectuées à ce jour concernant la matière et la forme du pendule sont catégoriques : ces paramètres n'ont aucun impact sur les résultats. Il n'y a pas, en tant que tel, de bon ou de mauvais pendule, vous pouvez obtenir des résultats tout aussi excellents avec un objet à 20 euros qu'avec un autre à 200 euros, ou même un pendule de fortune improvisé avec une alliance et une ficelle. Toutefois, en fonction de l'usage que vous en ferez, certains outils seront plus adaptés que d'autres, certains plus faciles à manier. Il est recommandé de démarrer votre pratique avec un pendule dit « récepteur » (nous reviendrons sur cette spécificité), simple et polyvalent, tels la boule de bois ou le pendule en forme de goutte d'eau. Dans un second temps, si vous décidez de vous spécialiser, il sera temps de compléter votre « collection » avec un pendule dédié à un type précis de recherche.

Le choix du bon pendule ne relève pas uniquement de son esthétique ou de sa fonction, mais de votre affinité à l'objet. Comme dans tout artisanat, l'instrument est choisi à votre convenance selon vos besoins, il est strictement personnel et unique. Aussi, il est préférable d'éviter les achats sur Internet, pour pouvoir toucher, soupeser, capter ce qui émane de lui en direct.

Où, alors, acheter son instrument ? Il existe dans toutes grandes villes des boutiques d'ésotérisme qui proposent des pendules. Des salons bien-être sont aussi organisés chaque année, avec leurs stands dédiés à la radiesthésie. Privilégier les pendules artisanaux et façonnés à la main... Peut-être seront-ils légèrement plus chers, mais le temps et le soin qui leur ont été accordés lors de la fabrication participent grandement à leur qualité vibratoire.

Trouver son pendule est une « rencontre » : vous choisissez le pendule et il vous choisit ! En cas de doute, interrogez l'objet pour savoir s'il vous correspond. Pour cela, tenez la chaînette (ou corde) entre votre pouce et votre index, en laissant le poids pendre librement. Émettez l'intention que le pendule se mette à tourner s'il vous correspond. S'il ne bouge pas : vous connaissez la réponse ! Enfin, le pendule est considéré comme un outil très personnel et chargé de vos énergies. Tout comme un jeu de tarot, il est donc préférable de ne pas le prêter.

RÉCIT D'UNE « RENCONTRE » AVEC LE PENDULE

Jean-Louis Crozier, radiesthésiste très réputé et aujourd'hui décédé, témoigne auprès du journaliste Jacques Mandorla de la « rencontre » étonnante avec son pendule* :

« J'utilisais auparavant plusieurs pendules différents par leur forme, leur matière ou leur poids, mais aucun ne me donnait véritablement satisfaction. Une nuit de septembre de cette année-là, je me réveille brusquement et n'arrive pas à me rendormir. Au cours de mon sommeil, j'ai rêvé d'un pendule à la forme très précise. Et, surtout, un nombre me revenait sans cesse à l'esprit ; 75. Pourquoi ce chiffre 75 ? Totalement éveillé, je me lève, prends un stylo, une feuille de papier et dessine le pendule de mon rêve, de peur qu'il ne s'évanouisse de mes pensées. Petit à petit, sous mon stylo, celui-ci prend la forme apparue dans mon sommeil : très pointu, en cuivre ou en laiton, suspendu à une chaînette, environ 10 centimètres de haut, composé de deux parties, la tête qui se dévisse et contient la chaînette et enfin le corps du pendule. Mais ce chiffre 75, à quoi pouvait-il correspondre ? Je n'en avais aucune idée ! D'instinct, je pense

* Extrait de *La Radiesthésie. Maîtrisez l'art du pendule et de la bague*, Grancher, Paris, 2014.

qu'il peut s'agir de son poids : je découpe alors un petit morceau de plomb pesant 75 grammes, le fixe à un petit fil et essaie une prise en main : je sens que ce poids est idéal pour moi ! Le lendemain, je vais voir un ami tourneur, lui remets mon petit croquis pour qu'il me réalise un prototype. Dès réception de celui-ci, je sais que je tiens enfin le pendule que je désirais. En résumé, la création de mon pendule a été possible par le travail du subconscient (qui organise les actes et les pensées), qui s'était ce soir-là mis en veille, tandis que l'inconscient trouvait les réponses et apportait des solutions, et tout cela à mon insu ! »

LEUR FONCTION

Le pendule récepteur

Le pendule récepteur a pour fonction de capter les ondes émises par l'objet de la recherche sans modifier son énergie. C'est un modèle de pendule dit « classique », polyvalent, parfait pour démarrer en radiesthésie. Il permet de :

- répondre à des questions ;

- localiser un objet perdu, un trésor, un animal, etc. ;
- mesurer le taux vibratoire d'objets, personnes, lieux, de nos chakras, etc. ;
- choisir l'aliment ou le complément alimentaire qui nous convient.

Le pendule émetteur

Le pendule émetteur est encore plus polyvalent (mais aussi généralement plus cher). Il est réservé aux radiesthésistes aguerris. Il a les mêmes fonctions que le pendule émetteur, mais permet en prime, grâce à sa forme ou à sa matière, de :

- modifier l'énergie d'un objet, d'un animal ou d'une personne (de réaliser des soins) ;
- nettoyer les énergies néfastes présentes dans un lieu ;
- énergiser une boisson, un aliment, un minéral, une plante, etc. ;
- soulager une douleur physique ;
- etc.

LEUR MATIÈRE

La matière qui constitue le pendule peut être totalement neutre, à l'instar du bois, ou avoir des propriétés spécifiques : c'est le cas pour les minéraux. Voici les principaux matériaux utilisés pour les fabriquer :

Le bois

Le bois est une matière neutre, idéale pour la radiesthésie. Plusieurs essences sont utilisées, telles que le buis, l'ébène, le prunier, le bois de rose, le pommier, etc. Leur coût diffère en fonction de leur rareté. Pour un tout premier pendule, le bois est donc une matière de choix. Seul défaut ? Du fait de leur légèreté, ces pendules sont très sensibles au vent et donc difficiles à utiliser en extérieur.

Coût : entre 15 et 150 euros.

Le choix des bois utilisés pour la fabrication de pendules n'a rien d'aléatoire.

Le buis est sélectionné pour son extrême dureté. Du fait de ses caractéristiques, cette essence symbolise l'immortalité et la résurrection, elle est aussi réputée en raison de sa force énergétique. Le buis, très apprécié des Celtes, est aujourd'hui toujours utilisé lors des cérémonies chrétiennes qui ont lieu avant Pâques, sous la forme de rameaux.

Le pommier est une essence locale, facile à tourner. C'est un bois dur et lourd que l'on associe traditionnellement à la fécondité, à la jeunesse et à la vie éternelle. Il s'agit aussi de l'un des arbres sacrés des druides.

Le prunier est l'un des premiers arbres à fleurir au printemps. Pour cette raison, il est symbole de renouveau, de fécondité, de pureté et de bonne santé.

L'ébène est le plus dur des bois, et apprécié pour sa couleur très sombre. Il est utilisé lors de cultes dans certains pays. Toutefois, cette essence devenue rare doit être importée de Madagascar ou d'Indonésie. Autant privilégier les essences locales...

Le bois de violette est une autre essence précieuse utilisée pour les pendules. Les Anglo-Saxons le nomment « *kingwood* » (le

« bois du roi ») car aux XVIIe et XVIIIe siècles, il était réservé aux nobles et à l'aristocratie. Malheureusement, ce bois vient du Brésil... Si vous souhaitez privilégier le local, autant éviter.

Le métal

Les métaux les plus communément utilisés sont le fer, le laiton, le cuivre, ou des alliages. Ces pendules sont généralement peu coûteux et sont plébiscités par les débutants pour cette raison. Plus lourds que les pendules en bois, ils sont aussi plus faciles à utiliser et ont l'avantage d'être solides et transportables sans risque. Seul inconvénient : ils sont sensibles aux champs électromagnétiques des appareils électriques desquels il conviendra de s'éloigner.

Coût : entre 10 et 150 euros.

Le verre

Les pendules en verre de Murano, de Baccarat ou de Bohême sont commercialisés depuis une dizaine d'années seulement. Il est facile de les confondre avec les outils en cristal. Leur défaut majeur réside dans leur grande fragilité, qui en fait des objets difficilement transportables. Ils doivent être rangés dans une boîte molletonnée.

Coût : entre 10 et 50 euros.

Le cristal de roche et autres minéraux

Le cristal de roche est une matière naturelle très appréciée des radiesthésistes, car il est chargé des énergies de la terre. Du fait de cette caractéristique, il présente un haut potentiel vibratoire et entre facilement en résonance avec le corps humain. Par ailleurs, bon nombre d'outils sont aujourd'hui constitués de minéraux variés, de toutes les couleurs de l'arc-en-ciel. Le choix des pierres est très étendu et dépend de vos goûts et de leurs propriétés. Très fragiles, ces pendules devront être rangés dans une boîte capitonnée.

Coût : entre 10 et 90 euros.

LES VERTUS DES MINÉRAUX

Face à la multitude de pendules à base de minéraux, il peut être difficile de faire son choix. Une possibilité consiste à opter pour un pendule associé à votre signe astrologique. Il est sinon possible (et recommandé) de sélectionner son outil de manière intuitive, en vous laissant appeler par les propriétés de la pierre. Voici quelques notions de base sur les vertus des cristaux :

› **le quartz rose** (Taureau, Cancer, Balance, Capricorne, Lion, Sagittaire) est symboliquement lié à l'amour, à la douceur, à la tendresse. Il permet d'apaiser les blessures affectives, de gagner confiance en soi, et accompagne les enfants qui font des cauchemars ;

› **l'améthyste** (Verseau, Bélier, Vierge, Scorpion, Sagittaire, Balance) se reconnaît grâce à ses superbes nuances de violet. Bien qu'elle soit très polyvalente, elle est particulièrement adaptée pour tous types de purifications, et même, paraît-il, pour les intoxications (alcool, tabac, café, etc.). Elle permettrait aussi de calmer les angoisses, de favoriser un sommeil profond et sans cauchemars, et de réharmoniser les énergies yin et yang ;

› **le cristal de roche** (tous les signes astrologiques) est transparent et totalement neutre. Véritable guérisseur universel, il permet

→

d'amplifier les propriétés des pierres qui lui sont associées et est utilisé depuis des millénaires par les chamans, prêtresses et autres magiciens. Il est souvent lié à la divination et agit comme un catalyseur d'énergie, permettant d'harmoniser et de rétablir l'équilibre ;

› **la labradorite** (Poisson, Capricorne, Taureau, Gémeaux, Scorpion) est de couleur grise, avec de superbes reflets bleutés. C'est la pierre de protection par excellence. Elle absorbe les énergies négatives de notre environnement et est recommandée aux thérapeutes, car elle protège de la négativité et de la souffrance d'autrui. Elle favorise la régénération physique et mentale et stimule nos capacités d'autoguérison. Enfin, elle aide à soigner les traumatismes du passé et accompagne les personnes solitaires à nouer des relations ;

› **l'œil-de-tigre** (Gémeaux, Capricorne, Cancer, Lion, Balance, Sagittaire) se reconnaît à sa couleur si particulière, du jaune or au brun, et à son opacité. C'est une pierre de protection contre les influences négatives, les gens pessimistes, qui apporte des solutions aux problèmes d'ordre physique et mental. Cette pierre est recommandée pour surmonter les problèmes d'argent, lever les blocages émotionnels et favoriser une bonne connaissance de soi ;

› **l'ambre** (Gémeaux, Vierge, Lion) est un cas particulier, puisqu'il ne s'agit pas d'une pierre, mais d'une résine fossile. Elle est souvent associée à l'immortalité, et réputée capable de guérir tous les maux. Elle apporte la santé et la longévité. Elle est recommandée aux personnes fatiguées du fait de ses propriétés stimulantes et régénérantes. Enfin, elle permettrait de rétablir l'harmonie dans le couple et stimulerait le désir ;

› **la turquoise** (Verseau, Vierge, Poisson, Taureau, Cancer, Scorpion) aide à s'exprimer, absorbe les mauvaises énergies et les mauvaises pensées. Cette pierre couleur lagon rend positif, elle influence les tempéraments pour apporter plus de sérénité. Elle favorise l'amitié, les relations sociales, l'échange, la créativité. C'est une pierre qui peut aussi aider en cas d'épuisement nerveux ou de crise de panique.

LES DIVERS MODÈLES DE PENDULES

Il existe plusieurs milliers de modèles de pendules aux noms parfois intrigants. Voici quelques références à connaître dans cette « jungle pendulaire ».

Le pendule sphérique en bois est léger et polyvalent, il est très facile à manier pour les débutants. Il est toutefois déconseillé de l'utiliser en extérieur du fait de sa sensibilité au vent. Il est récepteur.

Le pendule de Luzi, ou pendule « pointe », ressemble à une goutte d'eau. Il a l'avantage, du fait de sa forme, de permettre des résultats précis, notamment si vous travaillez sur une carte ou sur un plan. En fonction de sa matière, il est émetteur ou récepteur.

Le pendule en cristal de roche ou quartz a été taillé naturellement par les éléments, ce qui lui procure un potentiel vibratoire important. Chaque pierre a des propriétés spécifiques. Ce pendule est généralement émetteur et récepteur, ses propriétés sont relatives aux pierres utilisées.

Le pendule en spirale est couramment utilisé en géobiologie ou en feng shui. Il permet, en raison de sa forme, de mesurer avec facilité l'énergie vibratoire des lieux. Il est émetteur.

Le pendule égyptien ou de Thot est réputé en raison de son extrême sensibilité. Généralement fait de quartz, cristal de roche ou labradorite, il est utilisé en radiesthésie médicale et pour stimuler les énergies. Il est émetteur et récepteur.

Le pendule de l'abbé Mermet (ou pendule témoin) tient son nom du pionnier de la radiesthésie. Ce pendule très particulier fut mis au point pour la recherche de sources ou de métaux. Il est personnalisable : la partie supérieure se dévisse, permettant d'y insérer un « témoin » (photographie, adresse, métal à rechercher, etc.). Il est émetteur et récepteur.

Le pendule 7 chakras réunit des pierres de sept couleurs associées à celles des chakras. Réservé aux radiesthésistes confirmés, il est récepteur et émetteur du fait des propriétés des pierres.

Le pendule Merkaba se distingue par sa forme étonnante : il est fait de deux tétraèdres imbriqués, formant une étoile. Symbolisant l'union du masculin et du féminin, généralement en cristal de roche, améthyste ou quartz rose, il est souvent utilisé pour un travail sur l'amour et le couple.

ATELIER

Comment fabriquer son outil ?

Puisque le pendule est une simple masse au bout d'une chaîne, pourquoi ne pas fabriquer le sien ? Pour obtenir un outil personnalisé, rien de tel que de le créer soi-même ! Comme le dit le Petit Prince d'Antoine de Saint-Exupéry, « c'est tout le temps passé pour ta rose qui fait ta rose si importante ». Le temps consacré à réaliser votre pendule le chargera de votre énergie, ce qui le rendra d'autant plus efficace. Dans l'idéal, utilisez des matériaux naturels, prenez le temps de les choisir, de « sentir » intuitivement ceux qui vous semblent les plus adaptés.

- ***Matériel***

› Une chaîne, corde ou ficelle (en coton, lin, etc.) d'environ 20 cm de long.

› Un pendentif pour remplacer la petite masse. Privilégiez un objet sentimental et chargé de votre énergie, tels une bague, un pendentif, un cristal, un morceau de bois taillé, un coquillage…

- ***Étapes de réalisation***

Il vous suffira d'attacher l'objet choisi à la ficelle ou à la chaîne. Un jeu d'enfant !

Un pendule peut s'improviser avec tout ce qui vous passe sous la main ! Même un cheveu sur lequel on attachera une bague fera l'affaire, si nécessaire.

2

LE PENDULE AU QUOTIDIEN

« La nature tout entière est contenue
dans l'esprit d'un seul homme.
Attiré par le reflet des apparences,
il regarde du mauvais côté.
Apprends à tourner tes yeux vers l'intérieur. »

Proverbe amérindien

Chapitre 1

Se mettre en condition avant de démarrer

La pratique du pendule va à l'encontre de la tendance de nos sociétés à tout vouloir tout de suite. Le fait de constituer une « antenne » fiable demande un état d'être propice. Tout l'art consiste à ce que votre intuition soit aux commandes, et non votre mental qui brouille la lecture. Évidemment, il n'est pas possible d'arrêter l'activité du cerveau, mais nous pouvons nous entraîner à contrôler nos pensées pour en limiter l'intrusion.

Cela requiert un cheminement intérieur qui dépasse la simple utilisation du pendule et touche au développement de nos potentiels spirituels, à une volonté intime de mieux se connaître et de devenir la meilleure version de soi-même.

Pour ce faire, les leviers sont multiples : certains se tournent vers le yoga, la méditation, la psychothérapie transpersonnelle, le qi qong, le chant...

Quelles que soient les pratiques choisies, je vous recommande si possible une application quotidienne, même si elle ne dure que 5 minutes. C'est le meilleur moyen pour votre cerveau de créer de nouvelles connexions et d'ancrer les bienfaits.

De même, avant chaque séance de radiesthésie, prenez le temps de vous mettre en condition ; pratiquez si possible une petite méditation ou un exercice corporel afin de vous reconnecter à votre corps et d'apaiser le mental. Une bonne santé physique et de l'esprit est l'un des prérequis pour la réussite d'une séance. Évitez d'expérimenter si vous êtes fatigué, surmené, si vous souffrez de douleurs quelconques, ou juste après un repas (toute votre énergie est alors dirigée vers la digestion). Voici trois exercices dans lesquels piocher avant une séance, ou à tout moment, simplement pour vous faire du bien !

EXERCICE

Méditer, c'est se soigner !

La méditation de l'arbre

Le fait d'être enracinés est essentiel pour faire taire notre mental et optimiser les résultats obtenus grâce au pendule. La méditation de l'arbre est un grand classique, dont les bienfaits sont particulièrement propices à la pratique de la radiesthésie. Elle a l'avantage d'être accessible à tous, et de pouvoir se faire en 2, 7 ou 50 minutes en fonction du temps dont vous disposez.

Asseyez-vous confortablement, dos droit, pieds au sol, épaules et bras détendus.

Commencez par prendre contact avec votre monde intérieur : les yeux fermés, respirez en gonflant le ventre à l'inspire, puis en le vidant à l'expire. Répétez au moins 5 fois.

Puis imaginez que vous vous trouvez dans un lieu de nature, qui peut être familier ou totalement imaginaire. Vos sens sont en éveil, vous pouvez percevoir le vent sur votre peau, les sons de la nature, la chaleur du soleil... Sentez vos pieds posés au sol, les talons, la voûte plantaire, les orteils...

À présent, imaginez que sous vos pieds poussent des racines. Petites au départ, elles ne cessent de

→

s'agrandir, jusqu'à devenir immenses et atteindre le centre de la Terre dont vous pouvez puiser les énergies puissantes et douces. Quelle est leur couleur, leur forme, leur texture ? Prenez votre temps.

Enfin, revenez tranquillement à vous en vous reliant à votre respiration, tranquille et profonde, avant d'ouvrir les yeux.

EXERCICE

Se reconnecter à son corps

De soi à soi

Se relier aux énergies environnantes passe par cultiver une certaine présence à son corps et par le fait de délier d'éventuels blocages physiques et énergétiques. Je vous propose un petit protocole simple, à pratiquer au réveil durant quelques minutes et qui vous permettra au fil des jours d'acquérir plus de sérénité et d'installer le calme mental.

Mettez des vêtements dans lesquels vous vous sentez à l'aise, puis choisissez un lieu calme et confortable, avec une température agréable. L'exercice peut se faire les yeux ouverts ou fermés.

Tenez-vous debout, jambes légèrement écartées et pieds parallèles.

Commencez par prendre conscience de votre respiration, sans tenter de la modifier. Reliez-vous à vos pieds, bien à plat au sol.

Pliez légèrement vos genoux en effectuant de très légers rebonds, afin de faire descendre l'énergie dans vos jambes.

Puis levez lentement les bras sur les côtés afin qu'ils soient parallèles au sol, paumes à la verticale par rapport au sol, comme si vous repoussiez l'air, bras bien tendus.

De même, imaginez que vos pieds repoussent le sol, afin de vous étirer dans les quatre directions.

Enfin, la tête et la nuque s'étirent aussi vers le haut, le menton peut se rapprocher légèrement de la poitrine.

Maintenez cette posture pendant quelques instants sans oublier de respirer naturellement, et sentez l'énergie qui va du centre vers l'extérieur et se répand dans tout le corps.

Puis posez délicatement vos deux mains sur le ventre. Sentez la chaleur qui irradie, le ventre qui se soulève lentement. Restez ainsi pendant 5 inspirations et expirations, avant de déplacer les mains vers la poitrine, puis sur les reins, et procédez de même.

→

Sentez alors l'énergie qui s'active, la présence à votre corps qui devient de plus en plus palpable.

Enfin, terminez en activant votre énergie : avec vos mains, frottez l'ensemble de votre corps de façon vigoureuse, dans un mouvement de haut en bas, en commençant par le haut du corps et en terminant au niveau des pieds. Vous êtes prêt à démarrer la journée !

EXERCICE

Bien respirer, clé de la santé

Samavritti, la respiration en carré

La respiration est un levier extraordinaire pour contrôler votre état d'être et votre santé globale. Entre autres bénéfices, elle permet d'apaiser anxiété et stress, de lutter contre les insomnies, participe à réduire la pression artérielle… Tout simplement, se relier à sa respiration permet de limiter les intrusions du mental, qui interfèrent avec vos lectures en radiesthésie.

La respiration carrée est une méthode facile recommandée aux débutants, issue du pranayama (discipline indienne du souffle). Elle est appelée en sanskrit *samavritti,* qui signifie « même, égal » et « l'onde, la vague ». Il s'agit de pratiquer une respiration de durée égale lors de l'inspiration, la retenue et l'expiration, et toujours par le nez.

Commencez par prendre contact avec votre respiration, en sentant les mouvements naturels de votre abdomen, comme une vague.

Après quelques minutes, vous pouvez démarrer l'exercice. Inspirez en comptant mentalement 2 secondes, puis retenez votre respiration durant 2 secondes. Expirez sur 2 temps, et suspendez votre souffle, poumons vides, pendant 2 temps.

Puis augmentez la durée à 3, 4, 5... jusqu'à 6 ou plus, en évitant d'atteindre un seuil d'inconfort.

Faites 10 à 20 cycles de respiration carrée, selon le temps disponible. Vous en tirerez rapidement de nombreux bénéfices.

Chapitre 2

Première prise en main

Vous avez saisi l'essentiel et vous disposez de votre nouveau compagnon de route ? Il est temps de s'en servir ! S'il n'existe pas véritablement de règles en matière de radiesthésie, puisque toute synthèse de travail comporte une part d'arbitraire, il semble tout de même préférable de suivre un protocole éprouvé par la plupart des praticiens au démarrage, afin de gagner du temps, de saisir les points incontournables et d'éviter un découragement lié à une méthode de travail inadaptée. Même si l'enthousiasme est là, préférez démarrer avec des exercices simples et consolider les bases avant de passer à des expériences plus délicates.

Tout d'abord, je recommande de commencer à faire connaissance avec votre nouvel outil : tenez-le dans votre main afin qu'il s'imprègne de vos énergies, jouez avec le pendule, regardez et soupesez-le, faites-le tourner...

AU DÉPART, UN PETIT « NETTOYAGE » S'IMPOSE !

Si vous venez d'acheter votre pendule, il est préférable avant une première utilisation de le nettoyer des énergies dont il a déjà été imprégné. De même, prenez l'habitude de cette petite routine entre chaque utilisation, pour le libérer des énergies précédemment contactées.

Comment nettoyer son pendule ?

En pierre naturelle

La plupart des pendules en pierre naturelle se nettoient tout simplement sous un filet d'eau froide ou dans de la fumée d'encens. Il est également possible de les recharger à la lumière du soleil, quelques heures par mois, et aux émanations de la lune, durant une nuit de pleine lune (chaque pierre peut présenter des spécificités en la matière, renseignez-vous au moment de l'achat).

En bois ou en métal

Les épousseter avec un chiffon suffit ; du fait de leur neutralité, ils s'imprègnent peu des énergies ambiantes. Il est aussi possible de les passer sous la fumée de l'encens.

LE LIEU DE TRAVAIL

Le pendule s'utilise à l'intérieur comme à l'extérieur. À l'intérieur, choisissez un lieu calme. Si vous travaillez assis à un bureau, assurez-vous que celui-ci soit débarrassé de tout objet et évitez les nappes à motifs qui peuvent fausser la lecture en raison des ondes de formes générées (au besoin, placez une grande feuille de papier blanche sur la table, ou une nappe blanche, afin de garantir cette neutralité). Choisissez une chaise qui vous est confortable et qui vous permet de vous tenir droit.

QUELLE POSTURE ADOPTER ?

Tout dépend du lieu de la pratique et de la nature de l'exercice.

Lorsque vous travaillez en intérieur

En position assise, prenez soin d'être installé confortablement, le dos droit et les pieds au sol sans croiser les jambes. Le bras qui tient le pendule est légèrement décollé du corps, et le coude doit rester libre (ne le posez pas sur la table). Idéalement, l'avant-bras est à peu près parallèle au sol. Le bras qui ne pratique pas est posé sur la table, sur votre cuisse ou relâché le long du corps. Si vous faites appel à un objet « témoin », il se peut que la main non active tienne l'élément en question. Avoir les pieds posés au sol pour favoriser un bon ancrage est indispensable, et tout votre corps doit être détendu. La priorité est que votre posture soit naturelle et agréable, puisqu'il pourra vous arriver de travailler ainsi pendant de longues minutes.

Si vous pratiquez en extérieur

Si la recherche est statique, il suffira de se tenir bien droit, les jambes légèrement écartées, et de sentir l'ancrage de vos pieds dans le sol. Pour les recherches en géobiologie, il est fortement recommandé de se tenir le dos au nord dans l'hémisphère Nord, dos au sud dans l'hémisphère

Sud pour respecter le sens de circulation des énergies. Si la recherche se fait en mouvement, déplacez-vous lentement pour pouvoir observer les mouvements du pendule, et n'hésitez pas à vous arrêter de temps en temps. Cela vaut aussi pour les recherches mobiles à l'intérieur d'un bâtiment.

COMMENT TENIR SON OUTIL ?

D'une manière générale, le pendule se tient dans la main directrice (droite pour les droitiers et gauche pour les gauchers). En ce qui concerne la position de la main et des doigts, il existe diverses écoles. N'hésitez pas à tester ces positions et à opter pour celle qui vous semble la plus naturelle et confortable. Peu importe la technique choisie, l'essentiel est de vous sentir à l'aise, que la position vous paraisse naturelle et que vous puissiez la tenir le temps nécessaire.

La prise classique consiste à le pincer entre le pouce et l'index. Les autres doigts sont ouverts et relâchés, et l'avant-bras est maintenu perpendiculaire au fil.

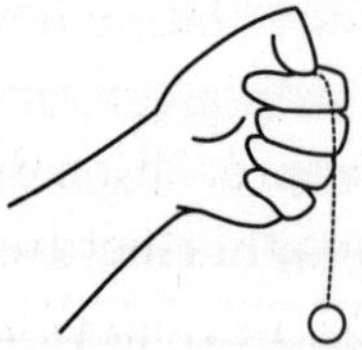

La prise vers l'avant consiste aussi à pincer le pendule entre le pouce et l'index, mais cette fois-ci le cordon passe devant les doigts, repliés vers la paume.

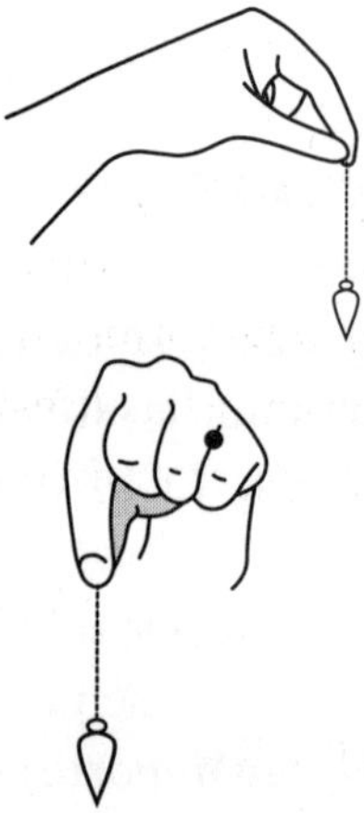

La prise acupuncture, proposée par Jacques Barette, consiste à bloquer la bille (ou le nœud ou anneau au bout de la ficelle) entre l'auriculaire et l'annulaire, près du point d'acupuncture 4TR, censé apporter une certaine sérénité. On laisse alors pendre la chaîne à l'extérieur de la main.

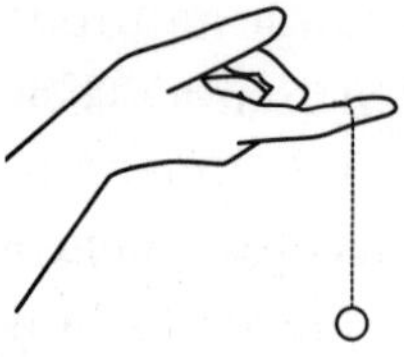

La prise index se pratique avec un fil : on fait une boucle avec l'extrémité du fil et on y introduit le bout de l'index, paume tournée vers le ciel.

La longueur de fil

La longueur du fil est aussi à l'appréciation de l'utilisateur et n'a pas d'impact sur la lecture. Elle varie généralement de 5 à 20 cm, mais peut parfois atteindre 1 m pour les recherches sur le terrain ! En général, un débutant préférera une longueur médiane autour de 15 cm.

Une fois la prise en main maîtrisée, dans un second temps, vous pouvez vous exercer à déplacer l'objet en le maintenant le plus immobile possible. Essayez d'abord en étant assis (c'est plus facile), puis debout immobile, et enfin en marchant lentement.

RANGER ET TRANSPORTER SON PENDULE

Enfin, dernière chose à savoir : il est préférable de ranger son pendule dans un lieu personnel, à l'abri des curieux. Si vous êtes amené à vous déplacer et à l'emporter, placez-le dans une petite bourse de tissu noir, à doubler ou molletonner si votre pendule est en cristal et craint les chocs.

Voici quelques exercices qui vous permettront de vous familiariser avec les mouvements du pendule, et de découvrir votre sensibilité radiesthésique. De niveau facile, ils vous permettront de « faire vos gammes » en radiesthésie. Je vous recommande de les pratiquer quelques minutes tous les jours, afin d'affiner votre sensibilité, avant de passer à des tests plus compliqués.

Faire ses gammes en radiesthésie

EXERCICE 1

Le test de la spirale

Niveau : facile.

Cet exercice très simple vous permettra de constater la sensibilité du pendule aux ondes de formes, et de vous familiariser avec le mouvement de giration, principalement adopté par le pendule.

- ***Méthode***

Ouvrez bien votre livre de sorte que celui-ci ne se referme pas tout seul. Placez votre pendule au-dessus de la figure ci-contre, à 2 ou 3 cm du livre. Elle représente une spirale tournant dans le sens horaire (sens des aiguilles d'une montre). Vos épaules et bras sont-ils bien détendus ? Tout naturellement, votre pendule, détectant l'onde de forme émise par le dessin et transitant par

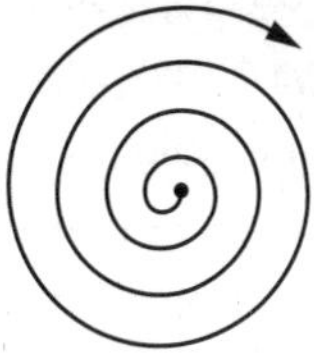

votre cerveau, devrait suivre le mouvement de la spirale. Si ce n'est pas le cas, faites une petite pause avant de recommencer.

Premier test réussi, félicitations !

Puis essayez avec ce second dessin, représentant une spirale tournant dans le sens antihoraire.

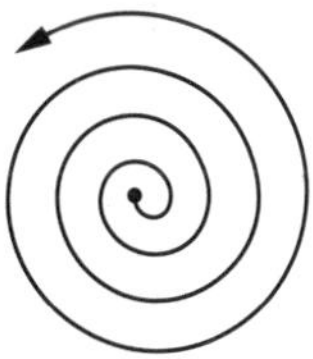

Cette fois-ci également, le pendule devrait tourner, mais dans le sens inverse. Vous pouvez vous entraîner à arrêter le mouvement du pendule par l'intention, ce qui vous permet de couper rapidement avec l'objet de l'étude.

Pas de panique s'il ne se passe rien les premières fois, vérifiez que les meilleures conditions sont bien réunies, et reproduisez l'expérience plus tard. De même, il se peut que les mouvements de votre pendule soient timides au départ. Leur amplitude augmentera au fil du temps.

→

- ***Conseil***

Vous maîtrisez bien les deux étapes de cet exercice ? Il est temps de passer au suivant. Laissez passer quelques minutes entre chaque test, qui peut se révéler énergivore au début. Pourquoi pas un temps de méditation, de relaxation, ou une courte marche en plein air pour renouveler votre énergie ?

EXERCICE 2

Le test des barres parallèles

Niveau : facile.

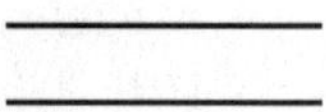

Après vous être essayé à capter l'onde de forme émise par une spirale, place aux barres parallèles !

Cet exercice vous permettra de découvrir l'oscillation, un mouvement qui intervient quand le pendule offre une réponse neutre « ni oui ni non », ou lors de l'utilisation de cadrans de radiesthésie.

- ***Méthode***

Comme précédemment, placez votre pendule au-dessus de la figure, à 2-3 cm du livre.

Assurez-vous que votre bras est bien détendu… Très rapidement, l'outil devrait adopter un mouvement d'oscillation de droite à gauche, ou inversement. Ce mouvement peut être timide au début, c'est tout à fait normal. Si votre pendule entame des girations, arrêtez-le mentalement, et recommencez l'exercice après avoir pris le temps de quelques respirations.

EXERCICE 3

Le test de sensibilité radiesthésique du professeur Rocard

Niveau : facile.

L'illustre professeur Rocard a établi un test simple permettant de mesurer notre degré de sensibilité radiesthésique grâce aux cristaux de magnétite présents dans les articulations des doigts de la main (entre autres) et qui seraient détectés par le pendule. À l'époque, le test était pratiqué au moyen d'un pendule fait d'un fil d'1 m de long, auquel était suspendue une masse faite de sorte qu'elle soit insensible aux mouvements involontaires de celui qui le manie. Mais votre pendule « classique » fera très bien l'affaire. Voici comment réaliser ce test.

→

- ***Méthode***

1. Tenez le pendule immobile dans la main droite si vous êtes droitier, gauche si vous êtes gaucher.
2. Placez les doigts de la main opposée sur l'arcade sourcilière opposée (main gauche si vous êtes droitier, et inversement).
3. Le pendule devrait alors détecter les cristaux et se mettre à tourner dans le sens établi lors de la convention (positif : à droite ; négatif : à gauche), plus ou moins intensément en fonction de votre sensibilité.
4. Statistiquement, les temps de réponse devraient aller de 2 secondes à 2 minutes, indiquant le degré de sensibilité.

Il est aussi possible de réaliser l'exercice en plaçant un objet métallique (par exemple un trousseau de clés) sur l'arcade sourcilière. D'après les explications du professeur, l'objet en fer produirait un petit champ magnétique perturbateur qui se traduit par la rotation du pendule.

Chapitre 3

Les différentes méthodes de travail

Le pendule est un outil très personnel, puisqu'il fait littéralement figure de continuité énergétique de son opérateur. Chaque praticien a sa manière propre d'utiliser cet outil, et ses techniques singulières. De ce fait, même les manuels des meilleurs praticiens comportent une part d'arbitraire... Si je ne prétends pas vous proposer LA méthode ultime, il existe quelques principes élémentaires, le B.A.-ba des connaissances théoriques et pratiques à acquérir pour une prise en main rapide. Ainsi fonderez-vous votre pratique sur un socle solide.

Partant de ces connaissances de base, je vous encourage à les explorer, détourner, ajuster, afin de vous façonner votre propre méthodologie, celle qui vous ressemble. Attardons-nous plus en détail sur les différentes ressources à votre disposition lors d'une séance au pendule.

RADIESTHÉSIE *VS* TÉLÉRADIESTHÉSIE

Comme je l'ai déjà évoqué, il existe deux façons de pratiquer la radiesthésie : en présence de l'objet de la recherche, auquel cas on parle de « radiesthésie sensorielle », ou à distance de celui-ci, c'est ce que l'on nomme « téléradiesthésie ». La téléradiesthésie est une discipline controversée qui permet de capter des informations à distance à partir d'une carte, d'un plan, d'une photo d'un lieu ou d'une personne, etc. Au début du siècle dernier, cette méthode représentait l'apogée de la pratique du sourcier. On peut même lire dans la revue *Cahier d'histoire et d'archéologie* datant de 1937 : « On a tout lieu de penser que nous assistons à la naissance d'une découverte prodigieuse, qui bouleversera les fondements mêmes de nos connaissances. » Pourtant, cette technique résistant à toute explication scientifique a depuis été délaissée par les savants, malgré des résultats parfois étonnants de justesse.

JEAN-LOUIS CROZIER, À LA RECHERCHE DES PERSONNES DISPARUES

En quarante ans, l'illustre radiesthésiste Jean-Louis Crozier (1944-2009) a permis grâce au pendule et en collaboration avec des enquêteurs de retrouver quatre cents personnes disparues. Les deux tiers se trouvaient à l'endroit exact qu'il avait indiqué, et dans 100 % des cas, il a vu juste sur le fait qu'elles étaient vivantes ou décédées. Il est un exemple incroyable de l'utilité de la téléradiesthésie.

La téléradiesthésie peut être utilisée dans de nombreuses circonstances :

- lors de la recherche de personnes ou d'animaux disparus ;
- pour la recherche de souterrains, grottes et cavités ;
- pour localiser des trésors ;
- pour la recherche de minerais ;
- par les géobiologues, afin de cartographier les influences d'un lieu avant de s'y rendre ;
- etc.

Par ailleurs, il est tout à fait possible d'associer radiesthésie sensorielle et à distance. Beaucoup de professionnels commencent par travailler sur un plan, avant de se rendre sur place.

La téléradiesthésie représentant un degré de difficulté supérieur, elle est réservée aux utilisateurs aguerris. Victor Mertens évoque la raison de cette complexité : « En téléradiesthésie, la partie humaine intervient à une plus forte dose. [...] on capte des effluences purement physiques, et bien d'autres émanations plus subtiles ; le rayonnement de la pensée, le subconscient ou l'intuition, interviennent pour une grande part dans les résultats, qui, quoi qu'en disent certains auteurs, sont réels. »

Des exercices vous sont proposés dans le dernier chapitre pour faire vos premiers pas dans cette discipline.

LA NOTION DE CONVENTION

En radiesthésie, vous entendez souvent parler de la notion de « convention », que le Larousse définit comme « ce qui est admis d'un commun accord, tacite ou explicite ». La « convention mentale », appliquée à cette pratique, permet de déterminer le cadre de l'exercice, de nommer des règles à l'intention de votre inconscient. C'est un prérequis essentiel à la qualité des résultats obtenus.

On choisit une convention pour :

- établir le langage du pendule (par exemple, la rotation horaire signifie « oui », la rotation antihoraire signifie « non »). Ce « code » personnel restera inchangé pour l'ensemble de vos recherches ;
- annoncer l'objet de la recherche (il convient de préciser ce à quoi nous désirons nous rendre sensibles).

EXERCICE

ÉTABLIR VOTRE CONVENTION PERSONNELLE « OUI/NON »

Cette étape, aussi simple qu'elle puisse paraître, constituera le socle de votre pratique. C'est vous seul qui établissez cette convention, par votre simple volonté. À titre informatif, une majorité de praticiens considèrent qu'une rotation dans le sens des aiguilles d'une montre du pendule (rotation horaire) signifie « oui ». À l'inverse, une

→

rotation dans le sens contraire des aiguilles d'une montre (antihoraire) signifie « non ». Mais il est aussi possible de choisir l'option inverse, il s'agit d'un choix strictement personnel, mais définitif.

- ***Méthode 1***

Prenez deux petits morceaux de papier. Sur l'un d'eux, inscrivez « oui », et sur l'autre « non ». Placez votre pendule au-dessus du premier morceau de papier, « oui », à 2 ou 3 cm. Votre pendule se mettra à tourner à droite ou à gauche, indiquant qu'il s'agit de la convention pour le « oui ». Répétez l'opération avec le « non ». Votre pendule devrait tourner dans le sens inverse. Répétez l'exercice plusieurs fois afin que la convention soit bien établie.

- ***Méthode 2***

Autre méthode pour établir la convention « oui/non » : prenez un objet, par exemple une pomme. Placez votre pendule au-dessus d'elle. Puis demandez : « Cet objet est-il une pomme ? » Si votre pendule tourne à droite, il faut donc en déduire qu'il s'agit de votre « oui ». De même, au-dessus de la pomme, établissez votre « non » en demandant par exemple : « Cet objet est-il un ananas ? » Le pendule devrait tourner dans le sens inverse. Vous pouvez vérifier cette affirmation avec divers types d'objets.

La convention de recherche

Toute recherche en radiesthésie requiert systématiquement d'énoncer le désir de se rendre sensible à l'élément en question (par exemple, de l'eau, de l'or, un objet perdu, une personne disparue…). Cette simple intention suffit normalement pour pouvoir vous mettre en mode « détection ». La « convention mentale » désigne donc plus largement le fait de déterminer cette échelle de mesure appliquée à votre corps par le cerveau, qui filtre les bonnes informations et permet de préciser l'objet de l'investigation, afin de « conditionner » l'esprit à une certaine acuité vis-à-vis de l'élément recherché.

Cette étape devra être réalisée à chaque fois, et être personnalisée en fonction de l'orientation de l'exercice. Voici quelques exemples qui vous permettront d'y voir plus clair :

- si je cherche une source d'eau dans mon jardin, je programme mentalement ma recherche en disant : « Je veux être extrêmement sensible à la détection d'une source d'eau », afin que mon outil réagisse uniquement à la présence de cette dernière ;

- si je veux détecter la présence de sel dans un verre d'eau, j'émets cette intention : « Je veux être réceptive à la présence de sel dans l'eau » ;
- si, par exemple, je recherche un objet égaré dans ma maison, j'évite de dire : « Je souhaite trouver cet objet » (trop imprécis, notre inconscient ne sait pas quel objet est concerné) mais je privilégie : « Je souhaite me rendre sensible à la présence de ma montre en argent, j'oriente mes ressentis exclusivement vers elle. »

COMMENT POSER LES QUESTIONS ?

L'art de poser les questions en radiesthésie est un sujet primordial, puisque c'est une condition *sine qua non* de votre réussite. « À question mal posée, réponse biaisée ! » L'efficacité d'une question tient à sa simplicité : l'inconscient ne se satisfait pas d'expressions douteuses, floues ou ambiguës. Formuler correctement votre demande requiert un peu de pratique de votre part, afin de bien comprendre le mécanisme à l'œuvre et que cela devienne un automatisme. Il est essentiel que la question soit formulée de manière à obtenir une réponse simple, binaire : « oui »/« non », « bon »/« mauvais », etc. Une question bien posée doit être littérale. Si vous constatez que votre pendule reste statique ou oscille, cela signifie certainement qu'elle n'est pas suffisamment précise, claire, ou que votre état émotionnel ou physique n'est pas assez neutre. Il est possible de formuler l'interrogation à haute voix ou mentalement, et recommandé si nécessaire de la répéter plusieurs fois jusqu'à obtenir une réponse du pendule.

D'une façon générale, après avoir posé votre question, tentez de vous détacher du résultat et de vous mettre dans un état passif d'attente. Antoine de Luzy parle d'une « neutralité absolue », qui prémunit de « l'intrusion de l'imagination ». Cet état d'être à lui seul demande de l'entraînement et du discernement, afin d'être capable de distinguer les moments où nos projections interfèrent avec le pendule.

Ainsi, je vous recommande de prendre le temps nécessaire pour faire un point sur votre demande et sur son énonciation.

Quelques exemples de questions

Si j'interroge : « Vais-je trouver un emploi en tant que journaliste avant l'été ? », mon pendule a très peu de chance de pouvoir répondre. Pourquoi ? Parce que dans cette question se trouvent plusieurs sous-questions (sur la nature du métier, la temporalité, etc.). Il est toujours préférable de découper votre demande en sous-questions simples et sans interprétations possibles.

Par exemple, ici, il est préférable de demander en trois temps :

1. Vais-je trouver un emploi ?
   → Oui/Non
2. En tant que journaliste ?
   → Oui/Non
3. Avant l'été ?
   → Oui/Non

De même, si j'interroge : « Quelles sont les qualités de cet homme ? », la réponse ne peut se contenter d'un « oui » ou d'un « non », votre pendule ne pourra donc pas vous aider. Dans ce cas précis, il conviendra de nommer diverses qualités et de voir si le pendule y répond. Par exemple :

1. Est-il fiable ?

   → Oui/Non

2. Est-il honnête ?

   → Oui/Non

3. Est-il généreux ?

   → Oui/Non

Voici un dernier exemple : « Est-ce que je dois m'associer à cette société ? » pourra se découper en plusieurs questions :

1. Est-ce le bon moment pour une association ?

   → Oui/Non

2. Cette société sera-t-elle favorable à mon entreprise ?

   → Oui/Non

EXERCICE

Cahier de vacances du radiesthésiste

Afin de maîtriser totalement cette étape, voici de quoi vous exercer. Cochez la formulation la plus adéquate aux questions suivantes :

- ***Formulation 1***

A. Ce tableau a-t-il été réalisé par le peintre Léonard de Vinci en 1510 ?

B. Ce tableau est-il l'œuvre de Léonard de Vinci ? Date-t-il de 1510 ?

- ***Formulation 2***

A. Dans combien de jours recevrai-je des nouvelles de Thibaut ?

B. Recevrai-je des nouvelles de Thibaut ? Cela arrivera-t-il dans 1 jour ? 2 jours ? 3 jours ?

- ***Formulation 3***

A. Quel temps fera-t-il demain ?

B. Y aura-t-il du soleil demain matin ? Y aura-t-il du soleil demain après-midi ? De la pluie demain matin ? De la pluie demain après-midi ?

- ***Formulation 4***

A. Vais-je gagner au loto de ce samedi ? La somme sera-t-elle supérieure à 100 euros ? À 1 000 euros ? À 10 000 euros ?

B. Vais-je gagner au loto et quelle somme ?

- ***Formulation 5***

A. Quelles sont les propriétés de cette plante ?

B. Cette plante permet-elle de soigner les troubles gastriques ? Les troubles du sommeil ? Les problèmes de peau ?

- ***Formulation 6***

A. La rhubarbe est-elle bonne pour mon organisme aujourd'hui ?

B. La rhubarbe est-elle bonne ?

Vous l'aurez compris, plus les questions seront spécifiques, plus vous obtiendrez des réponses claires*.

LA NOTION DE TÉMOIN

Souvent, la trousse de travail du radiesthésiste se contente d'un pendule. Mais certaines enquêtes nécessitent parfois des objets complémentaires

* Réponses : 1B ; 2B ; 3B ; 4A ; 5B ; 6A.

qui augmentent les chances de réussite. Dans cette discipline, vous entendrez souvent parler de ce que l'on nomme un « témoin ». Il ne s'agit pas d'une personne qui atteste de vos prouesses en la matière...

Ce mot fait office de référence à un « échantillon » de l'objet de la recherche. Il est question soit d'un élément identique à celui de notre prospection, soit d'un élément qui entre en résonance avec le sujet concerné. Certains pendules, tel le pendule de l'abbé Mermet, se dévissent et permettent l'insertion d'un petit témoin. Toutefois, cette fonctionnalité n'est pas essentielle, avoir l'élément à proximité, dans la main qui ne tient pas le pendule par exemple, suffit.

On distingue divers types de « témoins » :

Les échantillons

Il s'agit d'une petite quantité de ce que nous cherchons. Par exemple, de l'eau si nous cherchons une source, de l'or si nous cherchons ce métal, etc.

Les objets imprégnés

En radiesthésie médicale, ou si nous cherchons une personne ou un animal disparus, il est d'usage de se procurer quelque chose appartenant au sujet de la recherche. Cela peut être une mèche de cheveux (des poils pour un animal), un vêtement, un bijou, etc.

La photographie

Les photos peuvent elles aussi servir à trouver des personnes ou animaux disparus. Elles devront alors être les plus récentes possibles et représenter la personne (ou l'animal) seule.

Le support « mot »

Enfin, un témoin « mot » peut servir à tous types d'investigations : il s'agit simplement de noter sur un morceau de papier neutre (blanc et sans quadrillage) l'objet des travaux et d'être le plus précis possible. Par exemple, si Arthur a perdu sa montre avec un bracelet en cuir marron, il est préférable d'écrire « la montre d'Arthur avec un bracelet en cuir marron », plutôt que simplement « la montre ». On peut aussi dessiner l'objet en question.

Ensuite, on distingue généralement deux manières complémentaires de travailler : la première ne nécessite pas d'autre support que le pendule et un éventuel témoin, mais limite *a priori* les champs des réponses. Elle se fonde sur l'établissement d'une convention mentale binaire « oui »/« non ». La seconde permet de faciliter les mesures qualitatives et quantitatives et fait appel à ce que l'on nomme des « cadrans », souvent imprimés sur une feuille de papier.

LA RADIESTHÉSIE OSCILLATOIRE : L'UTILISATION DE CADRANS

Outre la classique radiesthésie pendulaire, une façon complémentaire de procéder fait appel à des cadrans ou chartes, permettant des mesures précises. Les cadrans se présentent comme des cercles (360°) ou demi-cercles (180°), à imprimer sur une feuille. Il est possible de fabriquer vos modèles personnalisés (voir le cadran vierge en annexe p. 185). Les demi-cercles sont toutefois préconisés pour les débutants, puisqu'ils réduisent le risque d'erreurs. Chaque forme possède un point central « neutre », à partir duquel partent les rayons. Dans chaque rayon, vous trouverez des chiffres ou des noms relatifs par exemple aux pourcentages, aux organes du corps humain, aux pièces de la maison, aux animaux totems... Les possibilités sont infinies.

Depuis le XIXe siècle, la plupart des géobiologues utilisent les cadrans en se fondant sur une unité de mesure appelée « unité Bovis », théorisée par le médecin et radiesthésiste français Alfred Bovis (1871-1947). Pour arriver à cette unité, Alfred Bovis a évalué la qualité vibratoire de toutes sortes d'organismes. Il a par exemple testé des fruits à diverses étapes de décomposition, de fraîchement cueillis à pourris. Les fruits décomposés obtenaient des valeurs proches de zéro, tandis que les fruits frais allaient jusqu'à 9 000 unités Bovis. L'idée sous-jacente serait que l'aliment à peine cueilli est au maximum de son énergie vitale, puis que celle-ci diminue progressivement. Entre autres, ce système de mesure permet d'évaluer l'énergie d'une maison, la vitalité d'un aliment, la santé d'un individu...

Lors de l'utilisation d'un cadran, il est recommandé d'opter pour un pendule à la forme pointue, qui désignera plus précisément la réponse.

Voici quelques exemples des champs d'application de la radiesthésie oscillatoire :

- en radiesthésie médicale, pour déterminer quelle est la pathologie, mesurer la santé d'une personne et choisir la stratégie adaptée pour améliorer la santé ;
- en feng shui et géobiologie, pour mesurer la qualité vibratoire d'un lieu, déterminer l'emplacement d'un meuble, etc. ;
- pour effectuer des tests de personnalité ;
- pour aider à choisir la date d'un événement ;
- pour orienter vers un animal totem.

STÉPHANE LUCET, RADIESTHÉSISTE, MAGNÉTISEUR ET GÉOBIOLOGUE TÉMOIGNAGE

« Je viens d'une famille profondément chrétienne, et souvent la spiritualité ne se situe pas loin de la religion… Mon enfance fut compliquée : j'ai découvert que j'avais été maltraité par

ma nourrice. Cette faille a certainement permis à l'enfant que j'étais de garder un contact avec le monde de l'invisible et du merveilleux. Puis mon parcours m'a amené à suivre des études pour devenir ingénieur physicien : j'ai consacré vingt-cinq années de ma vie au management des technologies de l'information. Vers trente ans, j'ai démarré un travail thérapeutique et découvert que mon histoire m'avait coupé de ma sensibilité. Puis, à l'aube de mes quarante ans, j'ai vécu une expérience extrêmement forte durant laquelle j'ai commencé à "percevoir" autrement les choses autour de moi. Durant un concert, je me suis mis à "voir" la musique vibrer ! À la même époque, j'ai fait un burn-out extrêmement virulent lié à un mal-être professionnel. J'ai alors entendu clairement une voix qui m'a dit : "Va-t'en !" Et c'est ce que j'ai fait. Durant les deux années qui suivirent, j'ai vécu une crise d'électrosensibilité. Quand je rentrais dans un lieu, je pouvais dire s'il y avait du wifi et préciser où se trouvait la borne. Un magnétiseur m'a expliqué que mon niveau de réceptivité était très important, et j'ai pu me former à ses côtés. J'ai aussi rapidement compris que j'avais une forte sensibilité à l'énergie des lieux, ce qui m'a amené à me former à la géobiologie et à la radiesthésie, qui est l'outil du géobiologue. Cela me permet d'intervenir depuis un certain nombre d'années auprès d'entreprises et de
→

particuliers pour rétablir l'énergie de l'habitat ou de bureaux. Le pendule est pour moi un allié. C'est une manière de vérifier par le corps que mon ressenti est ajusté. Et mon extrasensorialité est un soutien supplémentaire : il m'arrive, lorsque je fais des diagnostics en géobiologie, de poser une question et d'entendre la réponse avant même que le pendule ne l'indique.

Quand je ne l'ai pas sur moi, j'en fabrique un avec mon trousseau de clés. J'utilise le pendule dans divers contextes : essentiellement pour la géobiologie, et aussi dans le cadre des soins, notamment pour vérifier que j'ai bien l'autorisation d'accompagner une personne, ou lorsque j'ai besoin de faire des propositions d'accompagnements autour des Fleurs de Bach. Enfin, je teste également au pendule le niveau de sensibilité des individus, en particulier lorsque je me trouve face à quelqu'un qui présente un potentiel énergétique ou médiumnique et que j'accompagne dans le développement de ses capacités.

Je refuse par déontologie d'utiliser cet outil pour répondre aux questions d'ordre personnel. Seule la personne connaît la réponse, et je préfère me servir d'outils de coaching pour accompagner à développer une écoute intérieure, plutôt que de donner une réponse extérieure qui n'engage que moi. Il s'agit de prendre l'autre là où il est et de l'aider à grandir, à cheminer. Il me semble extrêmement important de se défaire de la posture du sauveur. Selon moi, l'usage du pendule est réservé aux personnes qui sont en chemin, engagées dans une écoute de soi, le respect du vivant. C'est ce qui fait un bon praticien. L'utilisation du pendule demande une certaine déontologie : on ne demande pas n'importe quoi !... Pour la petite histoire, au début de ma pratique, je m'en suis servi pour connaître les numéros gagnants du loto. Je me suis rendu compte une fois les numéros rassemblés... qu'ils correspondaient au code d'ouverture de la barrière de la résidence de ma belle-mère ! L'Univers a le sens de l'humour. Le pendule est un soutien et non une finalité. Nous avons tous de l'intuition, une certaine sensibilité. Lorsque j'interviens en géobiologie, je propose aussi aux clients de traverser leur maison avec des baguettes de sourcier. Quatre personnes sur cinq constatent que les baguettes se croisent en passant au-dessus d'une zone d'influence. Le fait de réussir à utiliser le pendule est étroitement lié à notre confiance en nous, à l'amour que l'on se porte. La question est : "Suis-je prêt à me laisser guider par cette part extrêmement reliée à l'intérieur de moi ?" Il faut parfois se donner l'autorisation de s'accompagner avec beaucoup de tendresse et de respect pour soi. C'est certainement l'enseignement principal. »

Chapitre 4

Mettre toutes les chances de son côté : quelques rappels

Puisque vous démarrez dans l'utilisation du pendule, il est facile de tomber dans quelques pièges faussant la qualité des résultats et votre progression. Pour se mettre dans les meilleures conditions possibles, il s'agit de bien connaître les facteurs d'échec, notamment bien maîtriser l'art de poser les questions et identifier les possibles phénomènes perturbateurs. En radiesthésie, l'un des maîtres mots est « neutralité ». Ce chapitre a vocation à être consulté chaque fois que vous vous heurtez à un mur. Vous ne parvenez pas à atteindre les résultats escomptés ? Votre pendule ne répond pas ? Les réponses sont majoritairement fausses malgré des entraînements réguliers ? C'est par ici que ça se passe !

Voici les points sur lesquels être vigilant :

1. ÊTRE ATTENTIF À SON ÉTAT INTÉRIEUR

Tout d'abord, comme précisé auparavant, l'outil pendule est intimement lié à l'état de son opérateur et de ses dispositions intérieures. Le premier facteur pouvant fausser la qualité du travail est lié à votre état d'être. Ainsi, avant une séance, mettez-vous en état d'écoute intérieure : êtes-vous en pleine forme physique ? Êtes-vous préoccupé par des problématiques personnelles ? Si vous avez mal dormi, si vous êtes malade ou anxieux, mieux vaut reporter votre pratique à un moment plus propice.

2. ATTENTION À L'AUTOSUGGESTION

Antoine Luzy résume bien l'une des problématiques les plus couramment rencontrées en radiesthésie : « Chaque pensée consciente et inconsciente donne naissance aux mouvements du pendule. Les faits de caractère radiesthésique sont censés devoir leur production à la réaction organique de la pensée de l'opérateur et issue de son inconscient. Mais ce mouvement est bien souvent un effet de suggestion et d'autosuggestion. »

Beaucoup de radiesthésistes débutants auront tendance à se laisser envahir par des préjugés et projections autoréalisatrices de type « je ne suis pas doué », « je ne vais pas y arriver », « cette technique ne marche pas ». Autant de pensées qui peuvent participer à un échec. Même si cela demande un peu d'entraînement, chassez toute idée préconçue sur la question abordée et faites le vide dans votre esprit afin d'être entièrement focalisé sur l'objet de l'étude.

D'autre part, lors de vos débuts, préférez poser uniquement des questions dont l'enjeu est neutre : « Quel temps fera-t-il demain ? » plutôt que « Vais-je réussir mon examen ? » ou « Vais-je rencontrer l'homme de ma vie la semaine prochaine ? » Il est très fréquent, lorsque l'on pose une question à fort enjeu, pour soi ou pour un proche, de vouloir inconsciemment induire une réponse favorable du pendule. Ce dernier percevra alors le désir de notre inconscient, faussant la lecture. Aussi il semble élémentaire d'éviter de penser à la réponse souhaitée au moment de manier le pendule.

EXERCICE

Comment limiter l'influence de votre mental ?

Les bouddhistes nomment le mental « singe de l'esprit ». Si apprendre à faire taire le brouhaha incessant de nos pensées est l'œuvre d'une vie, quelques astuces permettent de déjouer son influence le temps d'une pratique au pendule.

- ***Première astuce***

Si votre petit singe intérieur s'agite et vous empêche de vous concentrer sur votre pratique, voici une astuce toute simple faisant appel au pouvoir d'évocation des symboles. Choisissez une image mentale associée à un mot et qui signale à votre mental de cesser instantanément ses ruminations. Pour ma part, j'imagine un gros panneau de signalisation rouge avec l'inscription « STOP ». Dès que mon mental s'emballe excessivement, je visualise dans mon esprit cette image et formule un grand « STOP » intérieur avec fermeté. Cela peut aussi être l'image d'un interrupteur que vous éteignez, d'un fil que vous coupez…

- ***Deuxième astuce***

Vous trouvez difficile le fait de vous détacher de la réponse du pendule ? Votre mental l'induit en erreur ? Voici une proposition pour court-circuiter le phénomène de projection et qui pourra vous aider à vos débuts. Vous souhaitez poser une question, par exemple : « Ma collaboration avec Untel va-t-elle bien se dérouler ? » Prenez trois morceaux de papier blanc et notez « oui », « non » et « peut-être ». Installé confortablement à une table, placez les papiers devant vous, face cachée, puis mélangez-les. Ensuite, positionnez votre pendule au-dessus de chaque papier, en redemandant : « Ma collaboration avec Untel va-t-elle bien se dérouler ? », jusqu'à ce que l'outil indique une réponse favorable.

- ***Troisième astuce***

Autre suggestion toute simple pour éviter d'influencer votre pendule : posez votre question de façon mécanique et répétée, sans vous arrêter, à la manière d'un mantra : « Vais-je réussir mon examen ? », « Vais-je réussir mon examen ? », « Vais-je réussir mon examen ? », « Vais-je réussir mon examen ? », « Vais-je réussir mon examen ? »... Votre esprit sera alors trop occupé pour avoir le temps d'induire telle ou telle réponse.

3. UNE CONVENTION MENTALE OU UNE QUESTION PAS CLAIRE

Une question mal posée ou une convention pas claire est la garantie d'induire votre esprit – donc votre pendule – en erreur. Pour rappel, en radiesthésie pendulaire, la question doit être fermée (réponse « oui » ou « non ») et il ne doit pas y avoir de sous-question cachée.

4. L'INFLUENCE DE L'ENTOURAGE

La perception de votre propre sensibilité est une démarche délicate à cause de sa nature changeante et subtile. Notre être est en perpétuel échange avec le milieu extérieur, que ce soit volontairement ou involontairement, et nous devons trouver le moyen de percevoir au travers du brouillard de notre esprit. Si à cela s'ajoute le regard pressant, méfiant ou moqueur d'un proche, c'est l'échec assuré ! Les projections ou émotions des personnes qui nous entourent peuvent perturber la lecture, tout comme nos propres projections. Commencez donc par pratiquer seul pour « muscler » vos capacités, et privilégiez un lieu familier et calme où vous ne serez pas interrompu.

« Le pourcentage d'erreurs est plus élevé lorsque les expériences sont réalisées en public que lorsqu'elles le sont par des opérateurs agissant seuls, sans énervement et sans obligation de réussir à tout prix. »

Michel Moine, radiesthésiste

5. L'INFLUENCE DE L'ENVIRONNEMENT

Si votre pendule refuse obstinément d'initier tout mouvement, ou s'il ne fait qu'osciller sans apporter de réponse claire, il est aussi possible qu'il soit influencé par un environnement inadéquat. Certains professionnels déconseillent par exemple de travailler par temps orageux, du fait des perturbations électromagnétiques qui surviennent à ce moment. Par ailleurs, les appareils électriques présents dans nos habitats ou dans les bâtiments agricoles peuvent fausser la lecture. Aussi, évitez de vous exercer à proximité d'un appareil branché, qu'il s'agisse d'un four à micro-ondes, d'un ordinateur, d'une télévision, d'un Interphone, etc. Débrancher les appareils présents dans la pièce dans laquelle vous travaillez est fortement recommandé.

6. NE PAS ALLER AU-DELÀ DE VOTRE CHAMP DE COMPÉTENCES

Entraîné par votre enthousiasme, peut-être avez-vous avancé trop vite dans les exercices ? Vous êtes-vous lancé dans des recherches difficiles et hors de votre portée ? Cela peut être l'une des raisons de vos échecs. Pour rappel, la radiesthésie est un art qui nous demande de renouer avec notre intuition. Cette activité s'inscrit dans le temps long et requiert une grande étendue de connaissances concernant certains domaines d'application. « Patience » est le maître mot.

7. MALGRÉ TOUT… VOUS NE PROGRESSEZ PAS. POURQUOI ?

Vous vous exercez régulièrement et depuis un moment, pourtant le pendule vous apporte des réponses erronées ou ne tourne pas ? Passez en revue les erreurs possibles. Peut-être que :

- la question posée ou la convention n'est pas suffisamment claire ;

- l'enjeu de la réponse vous inquiète et vous bloquez le pendule. L'implication émotionnelle est trop importante ;
- vous êtes physiquement ou psychiquement fatigué, mieux vaut remettre votre pratique à un autre moment ;
- parfois, le pendule s'obstine à rester en position de neutralité car la réponse est relative à un futur encore incertain. Laissez passer quelques jours avant de réitérer.

Mais sans vous faire languir d'avantage, passons à plus de pratique !

Chapitre 5

S'exercer

Vous êtes prêt ? Motivé ? Venons-en sans plus attendre aux exercices, qui ont pour but d'éveiller progressivement votre sensibilité radiesthésique. Je vous recommande de vous munir d'un carnet dédié à votre pratique. Vous pourrez par exemple consacrer une page à chaque exercice, et noter tous les jours vos résultats afin d'observer vos progressions. Trois niveaux de tests sont proposés, qu'il est possible de faire dans l'ordre. Pour rappel, il est fortement recommandé de maîtriser un exercice avant de passer au suivant. En brûlant les étapes, vous risquez d'accumuler les échecs et de vous décourager. D'autre part, préférez pratiquer en priorité la radiesthésie sensorielle, c'est-à-dire à proximité de l'objet, et explorez la téléradiesthésie une fois que vous vous sentirez armé pour le faire.

MÉMO

À ne pas oublier avant toute pratique

❯ Rassembler les éléments éventuels permettant de s'exercer : témoins et cadrans d'exercices.

❯ Se placer dans une position confortable, épaules et bras relâchés, pieds posés au sol. Éviter de croiser les jambes ou les bras.

❯ Porter des vêtements confortables, retirer bracelets, bagues ou montres.

❯ Effectuer un petit nettoyage du pendule.

❯ En cas de pratique assis à une table, s'assurer que celle-ci soit nue, sans aucun objet qui pourrait parasiter la lecture.

❯ Couper le téléphone, l'Interphone, ou tout ce qui pourrait interrompre l'exercice ou créer des interférences électromagnétiques.

❯ S'assurer que personne ne viendra interrompre la séance.

❯ Vérifier la météo en cas de travail à l'extérieur.

NIVEAU 1 : ÉVEILLER SA SENSIBILITÉ RADIESTHÉSIQUE

Les quatre exercices suivants sont de niveau facile à moyen. Ils permettront de vous sensibiliser petit à petit à la détection de la présence d'eau, du nord géographique, ou encore aux polarités positives et négatives d'un objet.

EXERCICE 1

Le test du verre d'eau

Niveau : facile.

L'être humain est particulièrement sensible à la présence d'eau… Cet exercice accessible à tous est un classique de la radiesthésie. Il vous permettra de constater cette spécificité et de la développer. Qui sait, peut-être de devenir maître dans l'art de la sourcellerie ?

- ***Matériel***

› 2 verres identiques, dont un sera rempli d'eau

› 2 tissus identiques et opaques

- ***Méthode***

1. Prenez deux verres identiques et remplissez l'un d'entre eux d'eau.

→

2. Dans un premier temps, prenez contact avec le gobelet « témoin » plein d'eau. Placez votre pendule à 2-3 cm de la surface du liquide, et demandez : « Y a-t-il de l'eau dans ce gobelet ? » Ne passez à l'étape suivante que quand celle-ci est une réussite à 100 % et que vous obtenez un « oui » bien franc.

3. Recouvrez alors les deux verres d'un tissu parfaitement opaque et identique.

4. Demandez à quelqu'un de déplacer les verres afin de ne plus savoir dans lequel se trouve l'eau.

5. Il s'agit, à l'aide de votre pendule, de détecter dans quel récipient se trouve le liquide.

6. La convention pourrait être : « Mon pendule tournera lorsqu'il se trouvera sur le verre d'eau. »

7. Placez votre pendule au-dessus du premier gobelet et demandez : « Y a-t-il de l'eau dans ce verre ? » Observez la réponse, qui se traduira par une giration dans le sens horaire ou antihoraire, en fonction de votre convention.

8. Procédez de même pour le verre suivant.

Étant donné que vous avez une chance sur deux de trouver la réponse, l'intérêt est de recommencer l'exercice jusqu'au point où vous pourrez détecter l'eau à tous les coups. Pour ajouter une difficulté, vous pouvez intégrer d'autres verres vides, ce qui limitera votre chance de trouver celui où se trouve l'eau. Autre possibilité, testez votre sensibilité au sel : il suffit de remplir deux verres d'eau et de saler l'un d'entre eux, puis d'énoncer : « Je désire être sensible à la présence d'eau salée. »

EXERCICE 2

Tester les polarités d'un crayon

Niveau : facile.

Un autre exercice simple, proposé dans l'ouvrage de Pierre d'Argon (voir bibliographie), consiste à tester les polarités positives et négatives à l'aide d'un crayon à papier.

- ***Méthode***

Tenez de votre main libre le crayon à papier à la verticale, mine vers le haut. Prenez soin d'avoir bien taillé la mine au préalable.

Placez votre pendule au-dessus de la mine, à 3-4 cm du crayon.

Votre pendule devrait se mettre à tourner dans le sens horaire, indiquant le pôle positif du crayon.

→

Recommencez l'expérience en inversant le sens du crayon, que vous placerez pointe vers le bas.

Placez votre pendule au-dessus du crayon, comme précédemment. Il devrait tourner dans le sens antihoraire, indiquant le pôle négatif.

Enfin, terminez en donnant mentalement l'ordre au pendule de s'arrêter.

EXERCICE 3

Ne pas perdre le nord

Niveau : moyen.

Voici un premier test à réaliser en extérieur, qui vous permettra de trouver le nord géographique. Il peut se révéler pratique en de nombreuses circonstances, pour déterminer l'orientation d'une maison par exemple, ou retrouver votre chemin si vous vous égarez en forêt... Sait-on jamais !

- ***Méthode***

Choisissez un endroit plutôt découvert, loin de toute antenne-relais et autres sources d'émissions d'ondes électromagnétiques.

Les pieds légèrement écartés, bien posés au sol, conditionnez-vous à une neutralité intérieure.

Formulez votre désir, à savoir : « Je désire me rendre sensible à la direction du nord. »

Lancez votre pendule de sorte qu'il oscille d'avant en arrière, puis pivotez lentement, en conservant toujours le même sens de rotation. Très régulièrement, effectuez une courte halte et demandez à chaque fois : « Est-ce le nord géographique ? »

Continuez ainsi jusqu'à ce que votre pendule se mette à tourner conformément à la convention établie : « oui » ou « non ».

- ***Aller plus loin***

Avec suffisamment d'expérience, vous pourrez vous servir du pendule pour trouver la direction d'un lieu à atteindre, en demandant par exemple : « Est-ce le chemin qui mène à tel lieu ? »

EXERCICE 4

DÉTECTER UNE FORME OU UNE COULEUR DANS UNE ENVELOPPE

Niveau : moyen.

Cet exercice permet de s'entraîner à dissocier des formes ou couleurs disposées dans des enveloppes. Il est relativement difficile et

→

demande de la persévérance pour obtenir de bons résultats.

- ***Matériel***

› 2 enveloppes identiques

› 2 petits morceaux de papier

› des feutres

- ***Méthode***

Sur l'un des papiers, dessinez une forme (par exemple un cercle), et une autre bien distincte sur l'autre papier (par exemple un triangle). Certaines personnes sont plus sensibles aux couleurs, vous pouvez donc colorer les formes avec deux couleurs différentes à l'aide d'un feutre.

Placez les papiers dans les enveloppes et mélangez-les.

Apportez ensuite votre pendule au-dessus de la première enveloppe, à 2 ou 3 cm. Vous pouvez demander : « Le cercle se trouve-t-il dans cette enveloppe ? » ou : « La forme rouge se trouve-t-elle dans cette enveloppe ? »

N'hésitez pas à répéter la question plusieurs fois, et lorsque vous obtenez systématiquement la même réponse, ouvrez l'enveloppe.

- ***Aller plus loin***

Une fois cette étape maîtrisée, après un nombre répété de réussites, augmentez la difficulté. Pour cela, plusieurs possibilités s'offrent à vous :

❯ multipliez le nombre d'enveloppes, formes et couleurs ;

❯ réalisez le même exercice avec quelques cartes d'un jeu, par exemple l'as, le roi, la dame et le valet de cœur. Il est nécessaire que les cartes soient en parfait état et absolument non reconnaissables lorsqu'elles se trouvent face cachée. Vous pourrez alors demander, par exemple : « Cette carte est-elle le roi de cœur ? » ;

❯ autre possibilité, pourquoi ne pas jouer avec quelques lettres du Scrabble® ? Prélevez par exemple les voyelles a, e, i, o, u, et procédez de la même façon qu'auparavant : « Cette voyelle est-elle le "i" ? », etc.

NIVEAU 2 : PASSER À LA VITESSE SUPÉRIEURE

Vous avez réalisé tous les exercices précédents avec succès ? Félicitations ! Il est désormais temps de passer au niveau supérieur et de vous exercer à utiliser votre pendule dans des domaines bien spécifiques, telles la prospection, la mesure de pourcentages avec cadran ou la téléradiesthésie.

EXERCICE 5

Retrouver un métal caché dans du sable

Niveau : moyen.

Cet exercice vous permettra de détecter des métaux, et pourquoi pas, dans un second temps, de vous lancer dans la prospection ou la recherche de trésors.

- ***Matériel***

Munissez-vous d'une boîte de type caisse de vin et remplissez-la environ à moitié de sable sec. Attention, si cette boîte a été fixée avec des clous, ceux-ci risquent de fausser la lecture. Une boîte à chaussures fera aussi l'affaire.

Si vous disposez d'un bac à sable dans votre jardin, l'exercice pourra y être pratiqué.

- ***Méthode***

Demandez à quelqu'un de cacher divers objets dans le bac, si possible constitués de métaux variés : or, argent, aluminium, plomb, zinc, etc.

Puis munissez-vous du pendule et, en fonction du métal que vous cherchez, établissez votre convention mentale, par exemple : « Je souhaite être sensible à la présence d'aluminium. »

Déplacez lentement votre pendule au-dessus du bac à sable jusqu'à ce que celui-ci tourne indiquant la réponse « positif ».

Enfin, creusez le sable pour vérifier si vous avez vu juste. Recommencez avec un autre métal, et ainsi de suite.

- ***Astuce***

Certains radiesthésistes préconisent pour de meilleurs résultats de faire appel à un « témoin ». Par exemple, si vous cherchez de l'aluminium, tenez en même temps un morceau d'aluminium dans votre main libre. Il est aussi possible d'écrire le nom du métal sur un papier et de le tenir dans cette main.

EXERCICE 6

RETROUVER UN OBJET CACHÉ CHEZ SOI

Niveau : moyen.

Qui n'a jamais perdu ses clés de voiture ou un bijou trop bien caché dans sa maison ? Si tel est le cas, vous pourrez désormais vous aider de votre pendule pour les retrouver. Pour faire cet exercice, il est possible de s'exercer avec un dessin ou un écrit réalisé par vos soins et que vous aurez coupé en deux. Une partie sera cachée par un complice. L'autre, que vous conserverez dans votre main libre, fera office de témoin. Si vous avez égaré un objet chez vous et ne disposez pas de témoin, vous pouvez écrire son nom ou son descriptif sur une feuille, ou le dessiner sur une feuille de papier que vous garderez en main.

- ***Méthode***

Commencez par vous imprégner de l'objet recherché en vous aidant de votre témoin. Établissez ensuite la convention, par exemple : « Je souhaite être sensible à la localisation de mes clés de voiture » (ou ici, à la localisation de mon dessin).

Puis, à l'aide de votre pendule, réalisez un questionnaire afin d'affiner la recherche par élimination. Par exemple :

› Mes clés de voiture sont-elles dans la maison ?

→ Girations positives.

› Sont-elles dans le salon ?

→ Giration négative.

› Sont-elles dans la cuisine ?

→ Giration négative.

Et ainsi de suite.

Si, en entrant dans la pièce en question, l'objet n'est pas immédiatement trouvable, continuez à procéder par élimination en fonction du mobilier qui s'y trouve :

› L'objet est-il dans l'armoire ?

› L'objet est-il sous le lit ?

› L'objet est-il dans un tiroir du bureau ? Etc.

Autre méthode : vous pouvez noter le nom de toutes les pièces de la maison sur une feuille de papier et passer votre pendule au-dessus de chacune en interrogeant sur la présence de l'objet dans telle ou telle pièce. Et ainsi de suite jusqu'à retrouver l'objet perdu.

EXERCICE 7

La bataille navale revisitée

Niveau : difficile.

Cet exercice est une adaptation du test proposé par le professeur Hans Bender, un psychologue et médecin allemand, à Jean-Louis Crozier, que nous avons évoqué à plusieurs reprises. Il requiert une certaine expertise, mais permet de voir où nous en sommes de notre sensibilité radiesthésique et de s'exercer à la localisation précise d'objets. Comment procéder ? Il s'agit tout simplement de jouer au célèbre jeu de la bataille navale, en s'aidant du pendule.

- ***Méthode***

Pour commencer, prenez 3 bateaux de tailles différentes, par exemple 1 sous-marin d'une case, 1 torpilleur de 2 cases, 1 porte-avions de 3 cases. L'exercice consiste à trouver à l'aide du pendule où sont les 3 bateaux placés par l'adversaire sur la grille de jeu de 25 cases.

Pour cela, placez le pendule au-dessus d'une case et demandez : « L'un des bateaux se trouve-t-il en partie sur cette case ? »

Attendez la réponse du pendule, puis passez à la case suivante.

Et ainsi de suite, jusqu'à avoir déterminé l'emplacement des 3 bateaux de l'adversaire. Le but est de trouver les cases en un minimum de coups possibles. Cet exercice est une bonne manière de mesurer vos progrès en radiesthésie.

EXERCICE 8

Trouver le sexe d'un animal à partir d'une photo

Niveau : moyen.

Lorsque les premières bases seront acquises, vous pouvez aller plus loin en testant vos capacités en radiesthésie à distance. La téléradiesthésie se pratique loin de l'objet de l'étude. Un avantage non négligeable si l'on préfère rester tranquillement à son domicile, à l'abri des caprices météorologiques, ou si l'on souhaite faire un prédiagnostic avant de se rendre sur un lieu. Elle demande de se munir d'un support : une carte, photo, plan ou schéma en fonction du domaine de recherche. Il est aussi possible de se munir d'un « témoin », par exemple un jouet appartenant à l'animal disparu, ou un échantillon du minerai à trouver. Dans un premier temps, commençons par tenter de détecter le sexe d'un animal à distance.

→

- ***Matériel***

❯ 1 photo de l'animal

- ***Méthode***

Commencez par un exercice sans grand enjeu, par exemple déterminer à distance le sexe d'un animal.

Pour cela, munissez-vous de votre témoin photographique (photo du chien, chat, etc.) qui ne permette pas de savoir s'il s'agit d'un mâle ou d'une femelle.

Énoncez votre intention, par exemple : « Je désire me rendre sensible à la détection du sexe du chat de Marine. »

Puis placez votre pendule au-dessus de la photo, à environ 3 cm, et prenez quelques instants pour vous connecter à l'animal.

Demandez alors : « Le chat de Marine est-il de sexe masculin ? » Observez la réponse du pendule.

Pour vous assurer de la justesse de la réponse, demandez aussi s'il est de sexe féminin, en prenant soin de faire le vide dans votre esprit pour ne pas vous laisser influencer par la première réponse.

Puis vérifiez auprès du propriétaire de l'animal si vous avez vu juste.

- ***Aller plus loin***

Vous pouvez ensuite augmenter la difficulté en tentant de connaître les spécificités de l'animal : son âge, son état de santé, la première lettre de son prénom, son tempérament, etc. Ces capacités vous seront utiles si vous êtes amené un jour à rechercher un animal perdu.

EXERCICE 9

Mesurer une quantité ou une proportion

Niveau : moyen.

Le radiesthésiste Marc Aurive propose un exercice très simple pour s'entraîner à mesurer les quantités avec un cadran.

- ***Matériel***

Pour cet exercice, il faudra vous munir d'un cadran en pourcentages (voir annexe p. 186), de café et de chicorée (ou tout autre ingrédient, par exemple du sable et de la terre ; si tel est le cas, il vous faudra des récipients opaques ou que vous couvrirez pour ne pas trahir leur contenu).

→

- ***Méthode***

Dans trois récipients identiques, mélangez le café et la chicorée dans diverses proportions, par exemple :

› récipient 1 : 20 % de chicorée, 80 % de café ;

› récipient 2 : 30 % de chicorée, 70 % de café ;

› récipient 3 : 70 % de chicorée, 30 % de café.

Pour établir ces proportions, vous pouvez vous aider d'une balance et convertir les données en grammes (20 g de chicorée, 80 g de café, etc.). Prenez bien note de ces proportions dans votre carnet.

Ensuite, munissez-vous du cadran en pourcentages, que vous aurez dans la mesure du possible scanné et agrandi pour plus de facilité de lecture.

Placez votre pendule en position neutre au centre du cadran (c'est-à-dire à 50 %). Dans votre main libre, tenez le premier récipient, puis énoncez : « Je désire être sensible à la proportion de chicorée dans ce récipient. » Puis : « Quel pourcentage de chicorée se trouve dans ce récipient ? »

Lancez le mouvement d'oscillation du pendule, qui devrait se diriger vers la valeur en question. Puis procédez de même avec les récipients 2 et 3.

Il est à noter que l'exercice peut aussi se réaliser sans cadran. Dans ce cas, énumérez simplement les pourcentages, jusqu'à ce que le pendule indique que la valeur est juste.

Quelles sont les applications concrètes de cet exercice ? Une fois maîtrisé, il vous permettra par exemple de connaître la teneur d'une eau en calcaire, de mesurer l'énergie vitale d'un individu ou de ses chakras, la quantité de sucre ou de sel dans un aliment, la nature de la terre de votre jardin, ou tout autre mesure qu'il vous sera utile d'appréhender.

Une fois que vous serez bien exercé à la lecture grâce aux cadrans de radiesthésie, il vous sera possible d'en créer en fonction de vos besoins. Par exemple, si vous refaites la décoration de votre maison, réalisez un cadran pour choisir les couleurs adaptées à chaque pièce, avec une couleur dans chaque rayon du cadran. Faites de même pour les matériaux utilisés, par exemple pour choisir une essence de bois pour un parquet. Les possibilités sont infinies !

EXERCICE 10

Le pendule au jardin

Niveau : moyen.

Vous avez la main verte et souhaitez faire appel au pendule pour optimiser la santé de votre jardin ? Il existe pour cela diverses applications.

- ***Pour mesurer la vitalité de graines***

Munissez-vous d'un cadran allant de 0 à 100 % (voir annexe p. 186). Placez votre pendule au-dessus du sachet de graines, puis énoncez : « Je désire me rendre sensible au pourcentage de vitalité de ces graines. »

Placez ensuite votre pendule au-dessus du cadran et tenez le sachet de graines dans la main libre. Et demandez : « Quel est le pourcentage de vitalité de ces graines ? »

Observez le résultat. Testez ainsi l'ensemble de vos graines. Ainsi, vous pourrez sélectionner le sachet de graines le plus à même de produire de beaux plants.

- ***Pour détecter une maladie***

Prélevez un échantillon de la plante malade (feuille, écorce, tige, etc.), et munissez-vous d'une liste de maladies potentielles.

Énoncez : « Je désire me rendre sensible à la maladie dont souffre cette plante. »

Puis, tout en tenant l'échantillon dans votre main libre, passez en revue chaque maladie :

« Cette plante est-elle atteinte de mildiou ? »

« Cette plante est-elle atteinte d'oïdium ? »

Et ainsi de suite.

Il est aussi possible d'utiliser un cadran de radiesthésie. Dans ce cas, notez le nom des maladies potentielles dans chaque rayon du cadran et procédez de la même manière.

NIVEAU 3 : PLACE À L'EXPERTISE !

Paradoxalement, le plus difficile en radiesthésie n'est pas de trouver de l'eau dans un jardin, mais de répondre à des questions d'ordre personnel, relatives à la santé d'une personne ou à son avenir. Outre le fait que cela requiert une éthique certaine, il est souvent long et difficile d'acquérir une neutralité intérieure suffisante pour obtenir des réponses. Exerçons-nous !

EXERCICE 11

CHOISIR UNE DATE FAVORABLE

Niveau : moyen.

De nombreux événements importants viendront ponctuer votre vie, qu'il s'agisse d'un mariage, d'un anniversaire ou de tout autre événement. En numérologie, on considère que les nombres ont une vibration qui pourra exercer une influence positive ou négative. Qu'il s'agisse de choisir une date pour une opération, l'acquisition d'un bien ou une célébration, le pendule pourra vous « souffler » le moment le plus opportun.

- ***Matériel***

❯ 1 calendrier annuel

- ***Méthode***

Commencez par établir votre convention. Par exemple : « Je souhaite détecter la date la plus propice pour mon mariage. »

Puis procédez par élimination, énumérez les mois en formulant « Le mois de janvier 2022 est-il favorable ? », « Le mois de février 2022 est-il favorable ? », etc., jusqu'à obtenir une réponse positive.

Il est possible d'obtenir plusieurs réponses favorables, aussi prenez soin d'énumérer les douze mois de l'année.

Puis interrogez sur la semaine la plus propice : « La première semaine du mois de mai 2022 est-elle favorable ? », « La deuxième semaine du mois de mai 2022 est-elle favorable ? », etc.

Continuez ainsi avec les jours de la semaine, et si vous le souhaitez, vous pouvez aller jusqu'à déterminer l'heure de l'événement.

EXERCICE 12

Trouver le bon collaborateur/partenaire

Niveau : difficile.

Comme précisé, la radiesthésie divinatoire peut-être délicate à exercer, dès lors qu'elle concerne un sujet à forte charge émotionnelle ou à fort enjeu. Tel peut être le cas dans le secteur professionnel. Aussi, déterminer si une personne vous convient peut être délicat si vous n'avez pas musclé votre capacité à vous mettre en position de neutralité intérieure. Toutefois, si vous vous sentez d'« attaque », voici une méthode pour savoir si un collaborateur professionnel, ou un partenaire amoureux, est compatible avec vous.

→

- ***Matériel***

❯ 1 témoin photographique

- ***Méthode***

Munissez-vous d'une photo de la personne, ou des personnes s'il s'agit de divers candidats professionnels. Puis émettez l'intention : « Je désire me rendre sensible à la personnalité qui convient le mieux à la fonction de collaborateur. »

Puis placez le pendule tour à tour au-dessus de chaque photo, et demandez : « Est-ce que le postulant Untel convient le mieux ? » Attendez la réponse du pendule avant de passer à la photo suivante.

Ou, concernant un conjoint : « Je désire me rendre sensible à la personnalité de cette personne. Est-elle compatible avec ma propre personnalité ? »

Attendez la réponse du pendule.

Vous pouvez ensuite décliner les questions : « Ses projets amoureux sont-ils compatibles avec les miens ? », « S'agit-il d'une personne attentionnée dans ses relations amoureuses ? », etc.

EXERCICE 13

Répondre à une question personnelle

Niveau : difficile.

Vous l'aurez compris, tout ce qui touche à des questions personnelles est extrêmement sensible à l'autosuggestion. Parvenir à obtenir des réponses justes demande beaucoup de discernement, de détachement, et une grande neutralité intérieure. Aussi, je vous invite à aborder cet exercice uniquement quand vous aurez une certaine maîtrise de votre pendule.

- ***Matériel***

❯ 1 témoin photographique ou de tout autre nature

- ***Méthode***

Placez sur votre table de travail le témoin de recherche. Il peut s'agir d'une photo, mais aussi d'une signature, d'un vêtement… Prenez contact avec l'énergie émise par cette personne.

Puis posez votre question, en ayant pris soin de réfléchir à une formulation claire. Par exemple : « L'amitié de telle personne à mon égard est-elle sincère ? »

→

L'amplitude du pendule pourra vous renseigner sur le degré de sincérité de l'individu en question.

Cette méthode vous permettra de répondre à tous types de réponses personnelles, liées au passé ou au futur. Pensez à adapter le choix du témoin en fonction de la question à poser. Par exemple, si vous vous interrogez sur un projet immobilier, une photo du lieu, un plan ou une pierre prélevée sur place pourraient faire l'affaire. Il est aussi possible de réaliser un dessin de l'objet de la recherche, qui devra alors être le plus précis possible.

EXERCICE 14

Déterminer si un aliment est bon pour vous

Niveau : moyen.

Quels aliments sont bons pour notre organisme ? Il est parfois difficile de faire son choix, tant nous entendons tout et son contraire à ce sujet. Si certaines informations sont de l'ordre du bon sens (éviter les produits transformés, trop gras, salés ou sucrés, privilégier les produits frais et bio...), le pendule permet d'établir notre intolérance à certains aliments, ou de savoir de quoi nous avons besoin à un moment donné. Cet exercice qui entre dans le cadre de la radiesthésie médicale est à aborder une fois que vous aurez acquis une certaine maîtrise de l'usage du pendule, et surtout une bonne écoute intérieure. Commencez par pratiquer avec des aliments qui ne présentent pas de dangers, avant de tester la méthode avec des remèdes naturels (quand vous serez capable de « sans-faute » répétés).

- ***Méthode***

Comment procéder ? Mettons que vous hésitez, pour le déjeuner, à consommer des haricots verts ou des épinards. Placez ces deux aliments dans des assiettes séparées.

Puis asseyez-vous face à eux et prenez contact avec vous-même, en énonçant par exemple : « Je souhaite me rendre sensible aux aliments qui sont bons pour mon organisme. »

Puis placez votre main libre sur l'assiette contenant les haricots et demandez : « Ces haricots sont-ils bons pour moi aujourd'hui ? » Vous aurez une réponse de votre pendule correspondant aux conventions mentales « oui » ou « non ».

Puis arrêtez mentalement le pendule et prenez un instant pour reprendre contact avec vous-même avant de passer à l'assiette suivante.

→

Vous l'aurez compris, à l'exception des intolérances alimentaires, les réponses valables un certain jour ne le seront pas forcément le lendemain, ou une semaine plus tard.

EXERCICE 15

Aller plus loin en radiesthésie médicale

Niveau : difficile.

Pour rappel, la radiesthésie médicale est à manier avec grande précaution. Elle nécessite un minimum de connaissances du corps humain et est réservée aux radiesthésistes « seniors ». Toutefois, voici un exercice qui vous permettra de faire connaissance sans risques avec cette pratique.

- ***Méthode***

Pour commencer, nous allons mesurer la vitalité d'une fleur. Cette mesure s'exprime en pourcentage, de 0 à 100, et s'évalue grâce à un cadran que vous trouverez en annexe (p. 186).

Avec à votre disposition un cadran, placez-vous au-dessus d'une fleur en pleine nature, non coupée, et mesurez sa vitalité, qui devrait être excellente (plus de 70 %). Puis coupez la fleur et reprenez immédiatement la mesure, qui devrait avoir légèrement diminué. Attendez 1 heure et recommencez. Enfin, lorsque la fleur sera totalement desséchée, la valeur devrait se situer en dessous de 20. Il est aussi possible de mesurer la vitalité de vos fruits et légumes, d'une viande ou d'un poisson, etc.

- ***Aller plus loin***

À titre indicatif, et lorsque vous vous sentirez prêt, voici comment procéder pour les êtres humains. Si vous vous lancez, souvenez-vous de vous munir d'une bonne dose de discernement, et que la moindre appréhension ou projection fausse les résultats. Le pendule n'est pas parole d'évangile ! Enfin, je ne le répéterai jamais assez : un radiesthésiste ne se substitue pas à un médecin.

Comme en médecine, la radiesthésie médicale est précédée d'un diagnostic. Pour cela, on peut commencer par mesurer le « taux de vitalité » d'une personne.

Commencez par évaluer le pourcentage de vitalité lié à divers facteurs, tels que :

❯ blocages énergétiques ;

❯ santé des chakras ;

❯ santé psychologique ;

❯ perturbations électromagnétiques ;

❯ mémoires transgénérationnelles ;

→

› intoxication aux métaux lourds ;

› carences nutritionnelles ;

› hygiène de vie inappropriée (alcool, tabac, sédentarité, etc.).

Placez le pendule au centre du cadran et amorcez une oscillation verticale, le long de la ligne médiane, soit 50 %. Le pendule se décalera alors vers la gauche, ou vers la droite, et maintiendra son oscillation au niveau d'une valeur qui détermine le taux de vitalité en question. Les valeurs au-dessus de 60 sont le signe d'une bonne santé. En deçà de 50, elles sont le signe de pathologies.

Pour déceler une pathologie spécifique, il est recommandé d'utiliser des planches d'anatomie et d'aller du général (ensemble du corps) au particulier (appareil circulatoire, respiratoire, digestif, système endocrinien, etc.). Une fois la zone de défaillance déterminée, munissez-vous de planches anatomiques spécifiques au système en question, pour préciser ce qui est concerné (estomac, pancréas, foie, bouche, os, etc.).

Ensuite, vous pourrez déterminer les causes de cette pathologie et préparer un cadran proposant divers remèdes naturels, par exemple, un cadran « constipation » pourrait inclure « pruneaux », « compote de pommes », « aloe vera », « son de blé », « psyllium », etc.

CONCLUSION

Félicitations, vous arrivez au terme de cet ouvrage. J'espère de tout cœur que vos essais, erreurs, votre entêtement, votre curiosité vous auront conduit à adopter le pendule comme un bienveillant compagnon de route, permettant de mettre en lumière ce que votre intuition a perçu. Vous l'aurez compris, toute activité humaine peut se prêter à l'utilisation de cet outil. N'hésitez pas à garder votre pendule sur vous en tout temps, à explorer de nouvelles manières de l'utiliser, à dépoussiérer sans cesse les grands concepts parfois éculés relatifs à son usage. La radiesthésie est un art vivant dont chacun peut se saisir pour créer ses propres prolongements.

Vous qui maniez désormais ce petit poids avec plus ou moins de dextérité, vous vous inscrivez dans une longue lignée de praticiens radiesthésistes, parmi lesquels les hommes préhistoriques, qui maniaient la baguette et vivaient en osmose avec leur environnement physique et vibratoire, les Égyptiens de l'époque des pharaons, ou les grands scientifiques d'une époque plus contemporaine. Je trouve réjouissant de sentir cette reliance aux tréfonds de l'humanité, ce lien ininterrompu, et de contribuer, peut-être, à apporter sa pierre à l'édifice qu'est la sensibilité aux ondes.

L'époque actuelle veut que nous soyons trop souvent débranchés de l'essentiel au profit d'écrans en tous genres... À l'heure de la surinformation, il peut aussi être difficile de trouver notre place dans le monde et d'entendre notre propre voix/voie. Le pendule, en réveillant notre sensibilité à notre environnement subtil, permet de réactiver les potentiels extraordinaires nichés au cœur de l'être humain.

N'oubliez pas que cet outil de captation qui apporte clarté et discernement, c'est vous ! Le pendule n'a rien de magique en soi, il est le révélateur de votre propre magie intérieure, un accompagnant sur le chemin de la connaissance de soi, du monde, et de l'invisible qui sous-tend la matière. Il permet petit à petit d'ouvrir cette merveilleuse fleur intérieure qu'est l'intuition. Aussi, j'ai à cœur pour conclure de citer le merveilleux enseignant spirituel et chaman qu'est Luis Ansa :

« La route, c'est toi...
Celui qui marche, c'est toi...
Et le résultat, c'est toi... »

Tout est dit. Je vous souhaite un merveilleux chemin auprès de cet allié, et de belles découvertes !

INFORMATIONS COMPLÉMENTAIRES

LIVRES

Arzon (d'), Pierre, *Initiation à la pratique du pendule. L'art et la manière en radiesthésie*, Éditions Trajectoire, Escalquens, 2017.

Aurive, Marc, *Le Grand Livre de la radiesthésie*, Guy Trédaniel éditeur, Paris, 2008.

Bensaude-Vincent, Bernadette (dir.) et Blondel, Christine (dir.), *Des savants face à l'occulte. 1870-1940*, Éditions La Découverte, Paris, 2002.

Birckner, Joseph, *L'Influence du lieu. Géobiologie et santé*, Guy Trédaniel éditeur, Paris, 2019.

Chanceland, *Le Pouvoir du pendule et de la radiesthésie*, Éditions Bussière, Paris, 2021.

Crozier, Jean-Louis et Mandorla, Jacques, *La Radiesthésie. Maîtrisez l'art du pendule et de la baguette*, Grancher, Paris, 2014.

Saint-Marc (de), André, *Cours complet de téléradiesthésie. Radiesthésie à distance*, Éditions Trajectoire, Escalquens, 2007.

Fangain, Jocelyne, *Le Guide du pendule. Initiez-vous à la radiesthésie, la science des ondes*, J'ai lu, Paris, 2007.

Mertens, Victor, *Radiesthésie, téléradiesthésie et phénomènes hyperphysiques*, Casterman, Bruxelles, 1949.

COORDONNÉES UTILES

Syndicat national des radiesthésistes

- snradiesthesistes.fr

Informations : info@snradiesthesistes.fr

Association des amis de la radiesthésie

La plus ancienne association regroupant des radiesthésistes amateurs.

- lesamisdelaradiesthesie.fr

Informations : francoisfervalchanut@yahoo.fr

Il existe par ailleurs des associations de radiesthésistes dans de nombreuses régions, et certaines proposent des cours gratuits.

SITES INTERNET

- http://albert-fagioli.fr
- www.magnetiseur-lyon.net
- https://gerardgrenet.fr
- http://gcebron.free.fr/rad/METHODE.pdf

ANNEXES

Cadran vierge à personnaliser

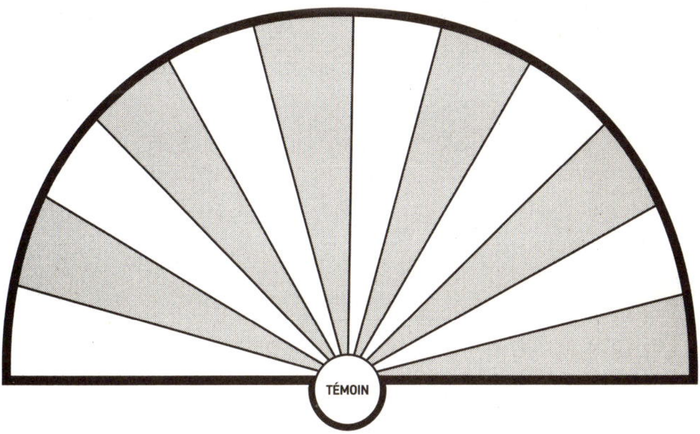

Cadran pourcentages

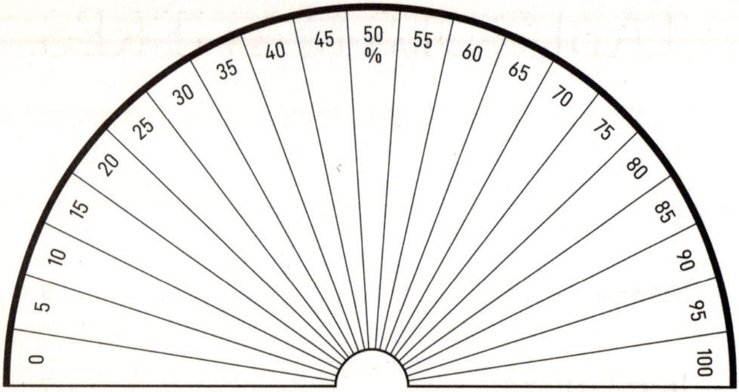

TABLE DES MATIÈRES

Cet ouvrage est composé de matériaux issus de forêts gérées durablement certifiées PEFC™.

Le Programme de reconnaissance des certifications forestières (PEFC™) est le plus grand organisme mondial indépendant de contrôle pour une gestion durable des forêts. Pour en savoir plus, consultez le site www.pefc-france.org

PEFC™ PEFC/14-38-00277

Achevé d'imprimer en août 2021
par Novoprint
Dépôt légal : septembre 2021
Imprimé en Espagne